Héctor Gustavo Sánchez Velásquez

Colección Académica

Tribus Urbanas:

Barras Bravas

Sánchez Editores
Tegucigalpa, Honduras
2009

361.1 Sánchez Velásquez, Héctor Gustavo
S21   Tribus Urbanas: Barras Bravas / Héctor
Gustavo Sánchez Velásquez
C.H.   – [Tegucigalpa]: [Sánchez Editores], [2009]
231 p.: Fotos

Bibliografía al final de la obra

ISBN: 978-99926-45-88-8

1.- PROBLEMAS SOCIALES. 2.- PANDILLAS.
3.- SUBCULTURA.

Impreso por Sánchez Editores
Tegucigalpa, Honduras
Colonia C.A. Oeste
Teléfono (504) 213 5650
E-mail sanchezeditores@yahoo.com
Página Web www.sanchezeditores.com

Diagramación:
Janeth Alvarado Rodríguez

Diseño de Portada:
José Guillermo Suárez

A mi Familia...

Contenido

Presentación 6

Prólogo 9

Introducción 12

Capítulo 1: Referencias Metodológicas 18

Capítulo 2: Manifestaciones Tribales Contemporáneas 22

2.1. Rasgos Característicos Tribales: 23

2.2. Aspectos, que contribuyen a la formación de estos grupos:..28

2.3. Conceptos claves para entender al fenómeno:................30

2.4. **¿Que son tribus urbanas?**................................36

Capítulo 3: La Construcción Social de las Tribus Urbanas: 38

3.1. La construcción social de la realidad................................38

3.2. Barras bravas, pandillas y su constructo social: 57

Capítulo 4: Antecedentes de las Tribus Urbanas......... 60

4.1. Evolución histórica de las tribus urbanas: 61

4.2. Las culturas juveniles en España:................................70

Capítulo 5: Discurso social del Neotribalismo 76

5.1. El Espacio o dimensión espacial 76

5.2. Dimensión Temporal 79

5.3. Los actores: máscaras y fachadas 80

Capítulo 6: PANDILLAS JUVENILES 85

6.1. Las Pandillas y su discurso social: 85

6.2. La construcción social de las pandillas 91

Capítulo 7: Las Barras Bravas............................ 96

7.1. Antecedentes..98

7.2. Anomia y futbol.......... 108

7.3. El discurso social de las barras bravas 112

7.4. La construcción social de las barras bravas.........................116

7.5. Barras Bravas en Honduras...119

7.5.1. La Revo, Revolocos o Revolucionarios 119

7.5.2. La Ultrafiel 127

7.5.3. La Mega Barra, o megalocos 139

7.6.   Financiamiento de las barras bravas:.........................146

7.7.   Barras Bravas y Pandillas: 148

Capítulo 8: Consideraciones Finales.................................153

Anexos: 157

Bibliografía: 181

PRESENTACIÓN

Con mucha satisfacción, Sánchez Editores realiza la presentación de la primera obra, la colección académica llamada "Tribus Urbanas" con el propósito de plasmar el resultado de diferentes estudios realizados por un grupo de connotados autores hondureños y extranjeros, sobre un sinnúmero de fenómenos sociales que, para algunos, son parte de los efectos perversos de la tan llevada y traída globalización, y que para honrar su nombre, ha llegado a tierras Centroamericanas.

En esta colección, se estudian algunos grupos juveniles, que conforman subculturas y contraculturas dentro de un grupo social más grande, la sociedad convencional. En este primer volumen, se explora y analiza a dos tribus urbanas; la primera, que tiene el poco honroso prestigio de ser de origen criollo, es decir, que es producto nuestro; nos referimos a las Maras y Pandillas Juveniles, que a pesar de surgir hace algunos años en el sur de Estados Unidos de América, su conformación y surgimiento, tiene mucho que ver con nuestra cultura, nuestras raíces y con nuestra realidad, y que finalmente se establecieron en estas latitudes.

El otro grupo aquí estudiado, es un fenómeno que tiene su origen en el primer mundo, en Europa, específicamente en Inglaterra, de allí se propago en el resto del viejo continente, en países como España y también Italia, entre otros, para luego cruzar el *charco*, asentándose en Sudamérica, donde se masificó a tal grado, que en estos tiempos se puede decir que es omnipresente en muchas partes del globo terráqueo, nos referimos a las barras bravas del futbol, llamadas también hooligans, tifosis o ultras, según el país, donde se les encuentre.

La idea de realizar este proyecto puede ser explicado desde dos perspectivas. En primer lugar, es necesario crear los espacios de estudios científico-académicos en nuestro país, en donde desgraciadamente, la realización de los mismos conlleva variedad de dificultades propias de una nación con problemas sociales, políticos, económicos y educativos. Valladares estos, que afectan la labor de los pocos cientistas sociales del medio, por lo que la producción de este tipo de obras científicas en particular, y obras literarias en general, resulta una verdadera hazaña. Surge entonces la idea de crear una editorial especializada en la temática que brinde la oportunidad al autor de facilitar la labor investigativa de estos, mediante la adecuación y publicación de los resultados de los estudios realizados. Esto en lo referente a la editorial.

En segundo lugar, en cuanto a porqué iniciar con una colección sobre la problemática social subcultural y contracultural llamada tribus urbanas, un fenómeno postmodernista por excelencia, responde a la necesidad precisamente de conocer, y entender el porqué del surgimiento de estas manifestaciones tribales, en una sociedad muy conservadora como la centroamericana, en el caso específico de Honduras. Debido a lo que muchos jóvenes y sus agrupaciones juveniles, han sido satanizados, metiéndolos a todos ellos, sean rockeros, pandilleros, emos, barras bravas, floggers, otakus, etc., en un solo recipiente, sólo por el hecho de vestir, y actuar diferente a las normas sociales convencionalmente establecidas, sin tomar en cuenta las características propias de cada uno de estos grupos sociales.

No deberá entenderse que se está favor o en contra de estas organizaciones tribales, sino que se quieren desmitificar algunas verdades y mentiras de estos grupos, con el propósito de que se comprenda mejor ésta problemática, y antes de empezar a señalarlos por la sociedad o querer *controlarlos* por el estado y sus organismos, se deberá de estudiar por qué muchos de nuestros jóvenes buscan estos estilos de vida alternativos, antes que *adaptarse* a las reglas establecidas, por una sociedad que hace ya ratos está en crisis.

La Editorial.

Prólogo

Vivimos en un mundo globalizado, un mundo en donde la casi totalidad de los países han suscrito convenios de intercambio de servicios, procesos económicos, mercancías e información, para estar acorde a los cambios que se dan en la aldea global. Las fronteras físicas de los países prácticamente pasaron a un segundo plano, porque hay que estar en consonancia con esas tendencias mundiales.

Pero se globalizó no solamente estos procesos económicos e informáticos, también sucedió lo mismo con otras actividades de diferente índole como la criminalidad, los riesgos, las pandemias, las modas, las tendencias, los estilos de vida alternativos, las manifestaciones juveniles contemporáneas, conocidas como tribus urbanas.

Usted estimado lector tiene entre sus manos, los resultados de un ejercicio académico de investigación, desde una perspectiva sociológica, realizado por uno de nuestros miembros de la institución policial, el Dr. Gustavo Sánchez Velásquez, quien se especializó en estudios sobre juventud, prevención de violencia y criminalidad, en un país que me trae muy buenos recuerdos, la bella y cosmopolita Argentina.

Este primer volumen, resume los resultados de la investigación sobre una de esas tantas manifestaciones juveniles globales ya mencionadas, en el caso específico de Honduras y sus manifestaciones grupales, las barras del futbol, mejor conocidas como Barras Bravas.

Estas nuevas manifestaciones subculturales contemporáneas, que desde hace algún tiempo las tenemos presentes en el país, están generando algunos hechos de violencia tanto física, como sicológica, patrimonial y hasta de percepción en el universo simbólico de las y los ciudadanos.

El Dr. Sánchez, a través de este escrito, demuestra nuestro compromiso institucional de abordar en forma integral la problemática social que de una u otra forma, incide en la sana convivencia y la calidad de vida de un gran sector de la sociedad hondureña.

Esta obra, un estudio exploratorio de las barras del fútbol, sirve de referencia para diferentes actores de la sociedad. Para el académico, como punto de partida en el intento de profundizar aun más sobre la temática. Para el estado, brinda herramientas importantes para el tratamiento transversal y holístico de estas manifestaciones tribales contemporáneas. Para los padres y madres de familia, así como para los docentes y educadores, ofrece algunas razones científicas del porque algunos de nuestros hijos, se enlistan en estos grupos. Para las autoridades del futbol, es de gran utilidad porque muestra las diferentes facetas de aquellos y aquellas personas que, en su afán de apoyar los colores de sus clubes favoritos, a veces equivocan el camino y aprovechan estos espacios para dar rienda suelta a sus emociones, que no todo el tiempo son legítimas. Y finalmente, para el ciudadano común y corriente, sirve a manera de ilustración de una de tantas manifestaciones juveniles modernas.

Este trabajo, va mucho más allá de la mera descripción de un fenómeno social. A pesar de ser este de carácter exploratorio, su metodología aplicada incluye la visita a países de Norte y Sudamérica para brindarnos un marco analógico y referencial de la magnitud del mismo. Además, el empleo de herramientas de tipo cualitativo, como la observación de estos grupos desde su interior, nos proporciona una panorámica antropológica de los mismos.

Por otro lado, nos brinda un marco histórico y contextual del surgimiento de las tribus urbanas en el mundo, y la significancia impregnada de gran valor simbólico de todas sus prácticas sociales, que hacen el carácter especial de estos. Las mencionadas, vistas desde el análisis de la perspectiva del discurso social de las tribus urbanas, discurso este, que generalmente va acompañado de vistosidad, sentimiento de pertenencia y desgraciadamente, de violencia.

Para concluir, diré que como ejecutor de la política de seguridad del estado hondureño que por mandato constitucional nos corresponde, apoyaremos totalmente este y todos aquellos esfuerzos que vengan encaminados a contribuir, a aportar los niveles necesarios de tranquilidad y paz a nuestra querida y amada patria.

Tegucigalpa, Honduras. Mayo del 2009.

Jorge Alberto Rodas Gamero*

*Secretario de Estado en el Despacho de Seguridad.

INTRODUCCIÓN

En los últimos años se ha llamado Tribus urbanas, para caracterizar a grupos de jóvenes que establecieron algunos estilos de vida alternativos a la sociedad convencional. Estilos de vida estos, que generalmente son una respuesta al marginamiento que reciben los jóvenes *inmaduros*, de parte de los adultos, personas, mucho más *experimentadas*.

En las grandes metrópolis del mundo siempre existieron grupos marginales, excluidos y autoexcluidos que vivían dentro de ese mundo, pero a la vez, fuera de éste, en donde se ubicaban en la escala final de una sociedad determinada. Estos grupos recibieron a través de la historia diferentes denominaciones que estigmatizaban su status dentro de ese grupo social, en fin, todo depende de la época en que busquemos y la sociedad que queramos, para encontrar a los susodichos *parias* y excluidos sociales.

Pero al hablar de tribus urbanas, se hará referencia a subculturas que vieron en su estilo de vida, forma de vestir y actuar y en su apariencia, la forma de contestar a una sociedad *opresora* que a través de sus dictados, asfixia a todo mundo por igual. Los grupos que se estudian y que se ponen en evidencia, se marginan al parecer por su propia voluntad al negarse a seguir tales normas no escritas, ya sea de efectivo cumplimiento, o bien al no quedarles alternativa. Estos buscan una sociedad alterna, concebida mejor por ellos, en donde prevalece el bien común antes que el bien particular, principios que, al parecer, fueron desplazados por la sociedad convencional globalizada.

Con ese nombre, Tribus Urbanas, se conoce a todas aquellas manifestaciones y movimientos subculturales y contraculturales que se dan en las grandes ciudades del mundo y que obviamente, nuestro país no escapa a esa tendencia. En el fenómeno de las subculturas, se entiende, según Costa, Pérez y Tropea, como *"un segmento social que imparte determinadas pautas, costumbres, normas y valores, distintos a los valores presentes en una sociedad convencional"*.

En el caso de las tribus urbanas, tienen diferentes patrones que podrían ser interpretados como manifestaciones subculturales, como, por ejemplo, se unen en torno a grupos etarios, a sistemas de socialización particulares, a una herencia cultural y a creencias e ideologías, a utilización de espacios geográficos con una gran carga de significancia simbólica, a el uso de *uniformes* que brindan a ellos la oportunidad de demostrar su identidad social, entre otras cosas. La subcultura, es un segmento social que imparte determinadas pautas, costumbres, normas y valores, distintos a los valores presentes en un grupo social más grande que los contienen a ellos, en una sociedad convencional, en este caso se desarrolla en forma paralela a la sociedad hondureña.

Todo este fenómeno de estilos de vida alternativa, llamado tribus urbanas, se analizan también como manifestaciones culturales juveniles. Según Feixas y Porzio, "en un sentido amplio, las culturas juveniles refieren la manera en que las experiencias sociales de los jóvenes son expresadas colectivamente mediante la construcción de estilos de vida distintivos, localizados fundamentalmente en el tiempo libre o en espacios intersticiales de la vida institucional. En un sentido más restringido, definen la aparición de 'microsociedades juveniles', con grados significativos de autonomía respecto de las 'instituciones adultas', que se dotan de espacios y tiempos específicos, y que se configuran históricamente en los países occidentales tras la II Guerra Mundial"[1]

Generalmente las personas que pertenecen a estos grupos muestran de diferentes maneras, su inconformidad con la sociedad, su insatisfacción y su forma de revelarse contra el orden establecido, además, a veces manifiestan también su sexualidad y el orgullo de pertenencia a los mismos. Estos grupos proporcionan a sus miembros una identidad social propia. La necesidad de los jóvenes de ser alguien y de afirmar su identidad como individuo, queda satisfecha al ser parte de alguna de las organizaciones tribales contemporáneas.

El fenómeno tribal contemporáneo, puede ser analizado desde diferentes enfoques, para el caso, Feixas y Porzio, al respecto manifiestan que *"Las culturas juveniles pueden analizarse desde dos perspectivas. En el plano de las condiciones sociales, se construyen con materiales provenientes de las identidades generacionales, de género, clase, etnia y territorio. En el plano de las imágenes culturales, se traducen en estilos más o menos visibles, que integran elementos materiales e inmateriales heterogéneos, provenientes de la moda, la música, el lenguaje, las prácticas culturales y las actividades focales"*[2]. En este caso, se realizará este análisis, tomando como referencia -en la mayor parte de nuestro análisis- el modelo que establecen Costa, Pérez Tornero y Tropea, que apuntan que al fenómeno de las tribus urbanas, hay que analizarlas tomando como referencia su discurso social, que se manifiesta a través de tres dimensiones a saber: la *dimensión espacial*, es decir, aquel espacio donde se exterioriza un

---

[1] Feixas, Carles, Porzio Laura. Los estudios sobre culturas juveniles en España. de las Tribus urbanas a las culturas juveniles. Revista de estudios de juventud. No. 64, marzo 2004. P.8.
[2] Ibídem. p.9.

sentimiento de posesión o conquista; la *dimensión temporal,* que se refiere al aprovechamiento y destino que se le da al tiempo en estos grupos; y finalmente, se analiza a los *actores en su medio y las máscaras* que estos utilizan, para demostrar su pertenencia y orgullo a estos grupos.

Esta investigación está conformada por diferentes apartados que se desarrollaran para evidenciar los hallazgos encontrados, producto de la misma. Inicialmente, se describe la metodología empleada para desarrollar el estudio de estos grupos tribales. Metodología mediante la cual, se realiza un estudio de carácter exploratorio, más desde una perspectiva de la etnografía, porque creímos que era el método más idóneo para escudriñar al fenómeno y que reflejaría los objetivos plasmados.

En el segundo capítulo, se hace mención de algunas manifestaciones, acepciones, y rasgos característicos, de estas organizaciones tribales contemporáneas, que conlleva la intencionalidad de ubicarnos en contexto de este fenómeno postmoderno.

El tercer capítulo, que desde ya es importante aceptar que es un apartado un tanto denso para su lectura, sobre todo para aquel que no está muy familiarizado con la sociología, específicamente, la sociología del conocimiento, pero aun así creímos necesario incluirlo, porque es el fundamento epistemológico de un fenómeno llamado "construcción social de la realidad" y que sirve como base para analizar el constructo social que se formó en la sociedad hondureña sobre los dos grupos aquí estudiados. En todo caso, aunque esta obra, es producto de una investigación sociológica, se intentó utilizar en el resto del libro, un lenguaje común, evitando en la mayoría de los casos los tecnicismos propios de un trabajo como éste.

En el cuarto momento del estudio, se realiza un recorrido a través del tiempo, con el propósito de sistematizar la evolución histórica del fenómeno tribal urbano, y así conocer sus raíces, orígenes, lugares donde surgieron, y sus diferentes manifestaciones en el tiempo. Todo esto, auxiliándonos de varios estudios realizados sobre la evolución de las tribus urbanas y manifestaciones culturales juveniles contemporáneas.

En el apartado inmediato, realizamos una descripción panorámica de las tribus, en cuanto a su caracterización como grupo, en tres dimensiones, la espacial, la temporal, y los actores y sus máscaras. Utilizando para ello, el modelo propuesto por los españoles, Costa, Pérez Tornero y Tropea y así analizar el *"discurso social"* de las tribus y grupos urbanos que se manifiestan en el país. Discurso social, que abona a la construcción social de estos grupos.

A partir del capítulo sexto, se inicia la exploración, descripción y análisis de las manifestaciones tribales contemporáneas que se dan en Honduras, refiriéndose en este volumen, a dos grupos que se suponen están muy interrelacionados entre sí, teniendo mucha similitud en su organización, simbolismos, y que en diferentes niveles, generan violencia hacia dentro y fuera del grupo, se habla de las Barras bravas, y de las Pandillas. Grupos estos que en el ambiente y percepción popular se creen homónimos, pero, aunque tienen algunas características grupales similares, estamos hablando de dos agrupaciones diferentes.

Estas no son las únicas tribus y grupos urbanos que existen el país, en otro volumen, se hace referencia a los Emos y Rockeros. Aunque existen más de estas cuatro manifestaciones tribales, son estas agrupaciones las más representativas, y las que por ahora, sometemos al escrutinio de este estudio.

Finalmente, presentamos una serie de consideraciones de estos grupos tribales contemporáneos, con la intención de puntualizar y hacer énfasis en algunos aspectos que los hacen especiales.

En una sección de anexos, se presentan algunas ilustraciones gráficas de las marcas de existencia de estos grupos urbanos. Marcas de existencia que se ponen en evidencia a través de sus *trapos y grafitis,* que ellos utilizan para evidenciar su presencia y demostrar su orgullo de pertenencia.

La presente investigación, tiene que verse como lo que es, un estudio exploratorio, de un fenómeno, llamado tribus y grupos urbanos, específicamente, barras bravas y pandillas, en un momento y lugar particular, Honduras a finales de la primera década del siglo XXI. Por lo que no intentamos agotar la temática, sino que solamente, como se mencionó con anterioridad, se intenta explorar un novísimo fenómeno que hasta ahora se creía exclusivo de las megaciudades de países más urbanizados que el nuestro.

Capítulo 1: Referencias Metodológicas

Esta investigación científico-social, tiene como propósito principal, el de explorar y describir el fenómeno de los grupos y tribus urbanas que se manifiestan en las grandes ciudades del mundo y que llegaron con mucho ímpetu a nuestro país, Honduras. Un fenómeno desconocido y que hasta hace algunos años, no se observaba en las polvorientas y maltrechas calles de estas urbes.

Para lograr conseguir un mejor acabado en el propósito planteado, se categoriza en este volumen a estas manifestaciones tribales contemporáneas atendiendo su identidad, características propias, originalidad, y prácticas sociales que los identifica, en los siguientes grupos:

- Barras Bravas y
- Pandillas

Se describen cada uno de estos grupos en forma individual, analizando su organización grupal, la interacción que se suscita en la dimensión espacial, además, cómo éstos distribuyen el uso de su tiempo, analizándolos desde la dimensión temporal, se estudia también cómo éstos actores se desenvuelven y muestran a través de sus máscaras, atuendos y fachadas, el orgullo de pertenencia. Se describe su simbolismo, como prácticas culturales y sociales, que se manifiestan a través de sus marcas de existencia, y que gritan a la sociedad por medio de éstas, que ellos existen y están allí, aunque a veces no se les quiera ver. Es decir que para estudiarlos, se analizan desde la perspectiva de las tribus y grupos urbanos, todas aquellas características que los hacen especiales.

Para lograrlo, se visitaron sus lugares antropológicos y así conocerlos en plena interacción con sus pares, con el objetivo de observarlos en su medio natural, en su nicho ecológico, en la *jungla de concreto.*

Fue necesario visitar y asistir en el caso de las barras bravas -uno de los fenómenos más novísimos en el país, junto con los emos- a algunos de los estadios de futbol de Honduras, como son el Nacional en Tegucigalpa; los Sampedranos, Morazán y Olímpico, así como también el estadio la Bombonera, además el de River Plate, llamado Coloso de Nuñez, y el Nuevo Gasómetro, ubicados estos últimos en Buenos Aires. También se visitó el Coloso de Santa Úrsula, en Distrito Federal mexicano, con la intención de tener un marco referencial, al momento de comparar los ambientes futbolísticos de esos países con el nuestro, más como referencia, como ya se mencionó, porque el objetivo no era el de describir a las hinchadas de los clubes que tienen a esos estadios visitados, como sede.

Creemos que ésta, era la única forma de poder desarrollar este estudio de la mejor forma, y así intentar tener un mejor panorama de este fenómeno post modernista por excelencia.

La metodología que utilizamos, por el carácter de esta investigación, fue a través de técnicas eminentemente cualitativas, técnicas estas que logran medir estos fenómenos humanos de una forma más acabada, que las técnicas cuantitativas. Por lo que se utilizó entonces, la técnica de la observación, a veces ésta, en forma participativa, es decir que en determinados momentos hubo interacción con ellos; además de la aplicación de entrevistas a profundidad a actores claves, que fue la herramienta más empleada. Orientando pues, la metodología, desde la etnografía social, confiando en ésta para llegar a alcanzar los objetivos trazados.

Igualmente, fue necesaria y enriquecedora la consulta de la vasta bibliografía especializada sobre la temática de las tribus urbanas y movimientos culturales juveniles en general; labor que se dificultaba un poco, cuando la misma no era abundante y a veces inexistente, al tratar temas específicos como las tribus aquí abordadas, es decir, barras bravas y pandillas, sobre todo en lo referente a la situación local.

Entre cánticos, saltos, olas y abrazos por los goles en los estadios, más el uso del atuendo correcto para pasar desapercibido; silbidos, gritos y empujones, la ropa impregnada de sudor, a veces agua, cerveza y hasta de orines, poco a poco se fue tomando una radiografía social, a los grupos estudiados. A medida se adentraba en esas culturas, fascinaban cada vez más los descubrimientos que aparecían día a día, saltando a la mente incógnitas propias, análisis y conclusiones que a priori se establecían, viendo por un lado lo errados que se está y por otro, lo corto que nos quedábamos en cuanto a su caracterización y descripción.

Las tribus y grupos urbanos son para nuestros jóvenes, las válvulas de escape que les sirve para poder sobrevivir y sobre llevar su existencia, en medio de una sociedad hipócrita, conservadora cuando le conviene, que critica estos estilos de vida poco ortodoxos, pero *admira* a los funcionarios que hacen su fortuna, saqueando el erario público, y que adornan las principales páginas de las secciones rosas de periódicos y revistas.

Estos grupos tribales, anteponen sus intereses individuales, y dan prioridad a los del grupo, en una sociedad cada vez más egoísta e individualista, en donde el bienestar colectivo no aparece más que en las campañas políticas demagógicas. En este estudio, intentamos plasmar a través de fotografías y escritos, las *verdades* de estos grupos, sus ideales, sus modas, sus mensajes, su identidad, su inconformidad, su orgullo de pertenencia, su molestia con tribus rivales, su rebeldía ante las autoridades y la sociedad en general y su desencanto con la realidad que los envuelve, los asfixia y los oprime. Por lo que presentamos un estudio exploratorio-descriptivo sobre un fenómeno post modernista, con características primitivista, en cuanto a grupo.

Finalmente, queremos dejar sentado, que el objetivo principal de publicar los resultados de éste estudio sociológico, es en primer lugar, orientar sobre una temática nueva que causa temor entre los padres, la sociedad y las autoridades del estado, para poder estar conscientes de la gravedad del mismo, por un lado, y por otro, que se pueda identificar y categorizar a cada grupo urbano aquí estudiado, y de esta forma intentar comprender el porqué de su aparecimiento en escena, y de allí partir, para la formulación de medidas que sirvan para prevenir y orientar al respecto, y no solamente *deshacerse* de ellos.

CAPÍTULO 2: MANIFESTACIONES TRIBALES CONTEMPORÁNEAS

Este término, aunque ya se utilizaba desde hace un buen tiempo, Maffesoli lo demuestra en su obra, 'Tiempos de Tribus'; se hizo aún más actual a raíz de la publicación del Libro, **TRIBUS URBANAS**, escrito por varios académicos entre los que podemos mencionar a Oriol Costa, Tropea y Pérez Tornero, entre otros, quienes definen éste fenómeno como un "Conjunto de reglas específicas diferenciadoras, a las que el joven decide confiar su imagen parcial o global, con diferentes –pero siempre bastante altos– niveles de implicación personal"[3].

Estas manifestaciones subculturales juveniles, tienen como propósito afianzar su identidad social, su estilo de vida, además de obtener dominio en la dimensión espacial territorial, demostrando también, la autenticidad de su grupo. Todo esto a través del culto a su propia imagen, y lograr por medio de la violencia, la autoafirmación.

El tribalismo convencional, se caracterizó por ofrecer un marco social, económico y religioso estable, estructurado por clanes y familias que seguían a un jefe político y un guía religioso, representado en la figura del chamán, sacerdote o líder espiritual. Compartían su origen étnico, territorio e historia en común. Pero ahora, el neotribalismo tiene un valor agregado, su inestabilidad y variedad, que permite estar concentrados para luego dispersarse y reunirse nuevamente, cuantas veces sea

---

[3] Aunque literalmente no se mencione, este estudio, está basado en la obra "tribus Urbanas" de estos autores, que se convirtió en un bestseller, por la forma en que estos abordan la problemática, y porque a partir de su publicación, la sociedad al fin reacciono ante el fenómeno postmodernista del neotribalismo. Fenómeno que había aparecido ya hace algunos años, pero que no llamaba la atención necesaria, hasta ese momento.

necesario. En medio de la vorágine de un pluralismo cultural de que se puede ser miembro de varios grupos a la vez.

Uno de los factores que afecta y coadyuva al nacimiento del neotribalismo, es el hecho que en el postmodernismo se valora mucho más al individualismo. El individuo busca otros individuos *semejantes* y con ellos forma grupo, ante la amenaza dirigida contra el narcisismo individual se responde instaurando un narcisismo grupal. El grupo encuentra su identidad al mismo tiempo que los individuos. La sociedad deja de ser homogénea y se hace heterogénea.

Estos son grupos, que tienen características muy interesantes de estudiar, como el hecho de que hacen proclamación expresa del sentido colectivo y grupal por encima de lo individual, hacen a un lado sus intereses personales, para que prevalezcan, los intereses comunitarios. La pérdida de la capacidad cohesiva de una sociedad cada vez más abstracta y aislacionista despeja el campo a la emergencia de estos grupos cada vez más apasionados por los lazos primitivos de identidad, nos dice Pérez.

Entre estos movimientos contemporáneos, los más conocidos son los Darks o Darketos, como los llaman en México, los Punk o Punketos, los Skin Heads, Neo Nazis o Hooligans, los Emos, las Barras Bravas, encontrándose también en estas categorías a nuestras conocidas Maras y Pandillas. Igualmente, forman parte de estos grupos, los Hippies y Rockeros, entre otros.

2.1. Rasgos Característicos Tribales:

Obviamente, estas tribus tienen sus propias características que los identifica y distingue de otras organizaciones. Las características de estos grupos, según nuestros autores Costa, Pérez y Tropea, son:

- Potencian las pulsiones gregarias y asociativas del sujeto, que, de este modo, se siente incierto en una unidad de orden superior.
- Defienden presuntos intereses comunes –del grupo, queremos decir- y estrechan vínculos gregarios basados en valores específicos.
- Son un ámbito propicio para compartir experiencias y rituales, a menudo secretos, que generan y consolidan el sentido de pertenencia al grupo.

El neotribalismo resalta al micro grupo, en donde es importante estar juntos, sus relaciones se fundamentan en lo afectivo. El compartir una misma forma de pensar, de vestir, de hablar o de divertirse, protege a los componentes contra las *imposiciones* externas, sean de la sociedad o de otros grupos tribales. La conformación de estos grupos propicia la necesidad de reforzar vínculos entre los miembros del grupo. La eficacia asegura la solidez del grupo, pero el lazo de unión deja de ser eficaz cuando ya no es útil para el individuo.

Por otro lado, la identificación y participación son los ejes de la identidad grupal, se fundamentan sobre la igualdad de necesidades, de objetivos, de ideales. Son ejemplos de grupos en los que generalmente no existe una jerarquía, sus integrantes se tratan de igual a igual, aunque esto no todo el tiempo es así. Los mecanismos de identificación y participación se potencian mediante la utilización de rituales que permiten mantener y reforzar los vínculos que les unen.

La comunicación ritual, es uno de los elementos esenciales del neotribalismo. Dicha comunicación no está basada en el discurso racional-abstracto sino en el intercambio afectivo y no verbal. Este lenguaje crea una corriente de desindividualización y permite que el individuo pase a formar parte del grupo y se haga partícipe de esta realidad grupal. La ropa, los tatuajes, la participación en los conciertos constituyen nuevas formas de comunicación, el discurso verbal queda diluido o pasa a un segundo plano.

Toda emoción implica una tendencia a la acción, los grupos almacenan en su seno las emociones, los sentimientos compartidos que se activan en un momento determinado y se contagian. El neotribalismo nace en el marco del pluralismo grupal y se refuerza por la perspectiva multicultural del postmodernismo.

Estas manifestaciones juveniles diferentes a las convencionalmente aceptadas como *normales*, han sido catalogadas como situaciones problemáticas que escapan al control convencional de la sociedad, por lo tanto, han sido objeto de cuestionamientos, estigmatizándolas y etiquetándolas. Las tribus urbanas han instaurado una nueva forma de comunicación que da forma a la realidad en que viven, ésta comunicación se produce a través de la ropa, la música, el lenguaje, medios estos que logran que se alcance un nivel de contacto y unidad.

Siguiendo a nuestros autores y a Maffesoli, podemos considerar que los principales rasgos característicos del neotribalismo emergente, serían:

- *Comunidad emocional:* son aquellas que se fundamentan en la comunión de emociones intensas, a veces efímeras y sujetas a la moda, pero siempre dotadas de un talante agregativo. Están formadas por individuos que se reúnen -y se atavían de forma parecida- para compartir una actividad y una actitud que generan sensaciones fuertes y confieren sentido a una existencia donde, en el fondo, hay falta de contacto y contagio emocional, sea a causa del desmoronamiento de valores tradicionales, sea sobre todo, por los excesos de contractualidad e instrumentalidad de las relaciones sociales. Las nuevas comunidades emocionales otorgan ese mensaje pasional que sus miembros no encuentran fuera. Weber decía que algunas características de estas organizaciones neotribales, son: el aspecto cambiante y efímero, el localismo, y una fundamental ausencia de organización. Aunque sobre ésta última característica, la ausencia de organización, se puede decir que en el caso de las maras y pandillas, no se aplica, y en menor escala, en las barras bravas, organizaciones que tienen estructuras complejas.

- *Energía subterránea:* a la pasividad e hiperreceptividad a la que la sociedad del consumo clásico sometía al individuo, y a la irradiación de mensajes y consignas oficiales, se opone un frente fragmentado de resistencia y prácticas alternativas, una energía subterránea que sólo pide canales de expresión, y se adueña, golosa, de las ocasiones más propicias: por ejemplo, eventos deportivos, conciertos musicales o hasta manifestaciones políticas.

- *Sociabilidad dispersa:* en la contemporánea sociedad de masas, el principal interés del individuo (un interés fuertemente estimulado por el poder) ha sido, y en gran parte sigue siendo, estar enterado sobre lo social mediático, a partir de una idea de individualidad que es una especie de bunker con antenas. Es el llamado líder de opinión. Esta actitud refleja una visión esencialmente diurna, apolínea, de la polis. Se construye gracias a relaciones contractuales urbanas entre individuos diáfanos que se preocupan sobre todo por emerger y distinguirse como tales, siguiendo los dictados de la clásica sociedad burguesa. Sin embargo, se abre camino sobre todo en las capas más jóvenes de la población, una lógica social mucho más dionisiaca, un culto a la subterraneidad en donde lo importante será vivir con su gente, alejarse de lo político para adentrarse en lo que los griegos llamaban *thiasis,* o sea el secreto compartido, la nocturnidad, el espacio de ensueño y de los encantamientos.

- *Fisicidad de la experiencia:* nuestras historias personales, en esta sociedad fuertemente caracterizada por un entorno urbano que marca las pautas de nuestro comportamiento dependen cada vez más de la conformación física de los lugares. En la sociedad tradicional, lo que marcaba la pauta era el discurrir del tiempo en un espacio inmóvil, estable. Ahora el tiempo transcurre en movimiento, mudando a través de espacios cambiantes, heterogéneos, efímeros (claramente los del ocio, y cada vez más los del trabajo). El lugar influye en nuestra forma de ser. Y nuestra forma de ser en esa realidad mutante es también una serie no necesariamente coherente de identificaciones en grupos y colectivos. Lo característico es que, cuanto más cosmopolita se vuelve la ciudad, tanto más se manifiestan ocasiones y deseo de enraizamiento localista. En las megalópolis contemporáneas, la dispersión de la complejidad de lo global provoca el surgimiento (y la necesidad) de espacios y momentos compartidos, en los que se desarrolla una fuerte interdependencia: clubes, asociaciones de intereses diversos, redes y círculos. Esta nueva fisicidad se expresa según modalidades que responden casi compulsivamente a la excesiva pérdida de relaciones humanas. Es una respuesta de potencia agregadora frente al poder que disgrega.

Habrá que apuntar también, como característica de estos grupos urbanos, su cambio constante a lo interno, en donde lo único permanente en ellos, es precisamente eso, su constante mutación, su carácter efímero, su infinita variación, que dificulta mucho su estudio. Produciéndose a veces también ramificaciones y/o subgrupos al interior, volviéndolos aun más complejos.

2.2. Aspectos, que contribuyen a la formación de estos grupos:

Según Costa, Pérez y Tropea, existen algunos aspectos que contribuyen a la formación de las tribus urbanas, estas claves son:

2.2.1. *Sensibilidad de los jóvenes, de su situación en el mundo*: es muy importante, saber el espacio y el rol que se ocupa en la sociedad, lo que opinan nuestros pares de nosotros, el status relacional. De allí surge la importancia de la apariencia, de la forma de vestir, la significación a través de la moda. De allí que estos grupos dicten reglas no escritas para sus miembros, del cómo desempañarse en su medio. El rol y el espacio que se ocupe en ese mundo igualmente establecerá el papel que ellos deberán desempeñar.

2.2.2. *Afectividad grupal, que son capaces de dispensar*: sus miembros acuden a ellas, entre otras cosas, para sentir la cohesión con los otros, para encontrar apoyo sentimental y para compartir experiencias y actitudes con quienes consideran iguales. Todo ello encuentra la *tacticidad* -en el contacto material- una buena vía de existencia. Las tribus son un ámbito de contacto físico, una oportunidad para la cercanía de los cuerpos y los sentidos, una ocasión para la evasión de un mundo demasiado frio y tecnologizado que ha hecho de la distancia y el aislamiento su naturaleza propia. Por lo que al cohesionarse afectivamente en su tribu, a la vez, los aleja de la indiferencia y desprecio de la sociedad.

2.2.3. *El espíritu de rebeldía y de marginación que la mayoría de ellas tienden a exaltar*: los jóvenes y adolescentes que se *alistan* en las tribus tienen, en general, actitudes de contestación a la sociedad adulta o sus instituciones. De alguna manera se sienten minusvalorados o desplazados por el sistema –la escuela, la familia, los adultos- y quieren conducirse de un modo que expresa que se resisten a ese desplazamiento. De esta manera, cuando se visten, se adornan o se comportan siguiendo ritos, ritmos, y costumbres que no pertenecen a la normalidad adulta, están manifestando su rebeldía y buscando, a través de ella, la construcción de una nueva identidad y de una nueva reputación. Están a gusto con su nueva cédula de identidad social, la rebeldía, la contestación y la oposición al establishment social.

2.2.4. *Los medios de comunicación*: estos son coparticipes en la propagación y desarrollo de los valores tribales entre la juventud. Que, sin su apoyo, encontraría escasa resonancia para aportar en definitiva los elementos esenciales de un imaginario grupal. Y esto no se debe solo a que los medios son difusores básicos de modelos de conducta y valores en nuestra sociedad. Hay alguna razón suplementaria: los medios encuentran en las tribus un objeto noticioso de pregnancia, de un atractivo tal que, literalmente quedan seducidos en su lógica.

Estos cuatro aspectos anteriormente mencionados, habrá que tomarlos muy en cuenta cuando se quiera estudiar a estos grupos, para poder entenderlos mejor. Es decir, que hay que tener presente su imagen, afectividad, rebeldía y mediatización, para entender mejor su funcionalidad o disfuncionalidad en la sociedad y a lo interno del grupo mismo.

2.3. Conceptos claves para entender al fenómeno:

Además, para lograr el mismo cometido, hay algunos conceptos claves que habrá que manejar, para una mejor ilustración y entendimiento de la problemática de las tribus urbanas, al respecto podemos enumerarlos según nuestros mismos autores, a continuación:

2.3.1. *Anomia*: este es un concepto clave para entender la marginalidad, la exclusión y la violencia. Emile Durkheim, fue el primero en hablar sobre este concepto y el de Anomie, en todo caso hay dos formas de interpretarlo. Literalmente el término significa sin normas. Por un lado, se entiende por anomia, y que esta se produce, en aquellas culturas donde las normas, o leyes no existen, su ausencia es total. Para otros estudiosos, entienden por anomia, a la inobservancia e irrespeto a las normas sociales, culturales y legalmente establecidas, se da en una sociedad en la cual sus principios normativos, se trasgreden.

2.3.2. *Hiperindividualismo*: en occidente, la modernidad es la gran responsable del triunfo del individuo, verdadero rey mimado y venerado por todos los aparatos oficiales de la sociedad, tanto en el ámbito político (los derechos del individuo) o filosófico (la racionalidad del individuo) como (y sobre todo) en el económico, que consagra el mercado como el ámbito donde ese individuo se ha transformado, a lo largo de los últimos dos siglos, en un sujeto de deseos y necesidades continuas, cuya satisfacción persigue irremediablemente. Pero la situación actual en los contextos urbanos nos indica que ese exceso de individualismo, de cultura narcisista, está provocando una respuesta reactiva, sobre todo en las capas más jóvenes y más expuestas de la cultura mediática. Se habla del declive del individualismo.

2.3.3. *Complejidad:* la complejidad creciente del entramado social urbano y su ramificación en miles de actividades especializadas y simultaneas, provocan en el ciudadano, sobre todo en el joven (post) adolescente, un desconocimiento objetivo de gran parte de los territorios y funciones de la urbe. Esto provoca una sensación de pérdida de control del conjunto, es decir, de falta de perspectiva sobre el sentido de la marcha global de la colectividad. No se posee más que una visión fragmentada y parcial de dicha colectividad. Esta complejidad, es percibida en forma intensa, especialmente por los jóvenes. Estos tienen que enfrentarse, más por cuestiones vivenciales que sociales, al problema angustiosos que tener que ubicarse en ese complejo entramado. Y tiene que decidir entre formar parte de la corriente principal y mayoritaria (ser *"adulto y responsable"*)- y cómo hacerlo-, o bien, *"perderse"* en una de las (pocas) posibilidades alternativas ofrecidas por la ciudad. En este último caso, la alternativa que se presenta es radical: dentro o fuera de los límites de legitimidad.

2.3.4. *Aceleración*: los ciudadanos de esta época, estamos sumergidos en una sociedad en la que se persigue (a toda costa) no solo la rapidez (característica ya conocida en el mundo moderno), sino más bien la aceleración. Es decir, un incremento constante en la velocidad, tanto en el mundo del trabajo como en el del tiempo libre. Esta aceleración es un hecho notable, la información que el individuo procesa, por su propia experiencia, o a través de los medios, es cada vez mayor y cada vez más fugaz: pasa más rápidamente. Esto se traduce en la búsqueda de una mayor intensidad y aprovechamiento cada vez mayor y frenético de las ofertas (consumistas) del escaparate social.

2.3.5. *Escasez de contactos*: en esta época también, se han multiplicado los medios y canales de información, pero esto no se ha traducido en un aumento efectivo de los contactos entre ciudadanos. Al contrario, estos medios han venido a sustituir el encuentro personal, el cara a cara. Lo que en épocas pasadas (aunque muy recientes) se consideraba una ventaja de la ciudad, el anonimato, que permitía circular sin ser reconocido por el ojo social, ha terminado por provocar un claro efecto *boomerang:* el aislamiento y la soledad. Esto tiene que ver en el debate del lugar o no lugar, de Auge.

2.3.6. *Emergencia de lo dionisíaco*: desde un punto de vista complementario, el espíritu metropolitano, forzosamente ordenado y racionalista ha favorecido los agrupamientos contractuales —según normas, reglas y convenios generalmente explícitos-, es decir unas estructuras de socialidad rígidamente programadas por la instancia productiva. Lo cual ha sofocado generalmente el componente lúdico, dionisíaco, y emocional que todas las sociedades poseen pero que por su propia solidez y desestructuración son poco resistentes a los embates de las fuerzas contractuales. Sin embargo, la energía sicosocial basada en unos criterios empáticos y ligada a la dimensión no contractual ni productiva de la sociedad no ha desparecido sencillamente, sino que se ha canalizado a través de determinadas ocasiones festivas. El propio sistema productivo ha *presentido* la necesidad de provocar una mayor comunión de emociones intensas: las célebres "válvulas de escape" de la afortunada metáfora de la máquina. En todo caso, a la pasividad e hiperreceptividad a las que la sociedad clásica de consumo sometía al individuo, y a la irradiación de mensajes y consignas oficiales, se ha ido oponiendo sobre todo en el ámbito juvenil un frente fragmentado de resistencia y prácticas alternativas. Una disponibilidad al contacto y a la sensación compartida que utiliza todos los canales que se le ofrezcan o que es capaz de inventarse, adueñándose de ocasiones propicias como eventos deportivos, conciertos musicales o incluso manifestaciones políticas, en donde la acción y la *bronca* parecen importar mucho más que los aspectos de reivindicación ideológica.

2.3.7. *Moda y pasión por las apariencias*: el proceso de civilización occidental ha llevado a la sociedad a aprender a proyectar (y adorar) sus cuerpos en miles de superficies y pantallas. De forma paralela los medios de comunicación, de meros trasmisores, se han hecho difusores y amplificadores de tendencias estéticas, modas, y modelos. Los aparatos tradicionales de la sociedad (militar y civil) han dejado paso, en la tarea modelizadora, a los aparatos de representación (los *massmedia*) afectando, entonces, tanto a las imágenes positivas (juventud, *look* y armonía) como a las negativas (violencia, conflicto y muerte). El cuidado del cuerpo se realiza más por el aspecto que por la salud, o mejor dicho, incluso la salud se transforma esencialmente en un problema de aspecto. De momento señalamos la comprobación de la omnipresencia de un criterio de exhibición, tanto de imagen como de conducta: contrariamente a lo que solía suceder con las sectas violentas de otras épocas, en donde sus miembros tendían a esconderse, disimularse entre los *normales,* y a lo que acontece en fenómenos actuales como el terrorismo -en donde existen preocupaciones muy similares- el miembro del turbulento grupo urbano no esconde su identidad si no que la exhibe, haciendo de ella una bandera, un signo de comunicación.

2.3.8. *Visibilidad y transparencia*: insistimos en la importancia de la dimensión del aspecto y de la apariencia, bajo un punto de vista complementario: transparentarse, es decir ver lo que aparece a través de una superficie. La sociedad contemporánea, más que todas las que han precedido, parece obsesionada por la idea de verlo y/o mostrarlo todo, de transformar el mundo en algo literalmente transparente. A partir de esta situación, de éste doble querer ver y querer ser visto, resulta evidente que esa difundida cultura de la visibilidad y de la exhibición se manifiesta también en las sub culturas urbanas, hasta llegar a constituir en algunos casos una de las características principales del grupo.

En segundo lugar, hemos observado a menudo una dialéctica sutil entre el mostrar y ocultar. La hipervisibilidad social y la exhibición parecen situarse sólo en un nivel superficial, constituyendo una máscara pública, bien perceptible y reconocible. Tras este nivel de representación pública, se esconde un poderoso estímulo hacia el secreto y la conspiración, que puede manifestarse mediante numerosas formas distintas pero que siempre posee un rasgo común, el deseo evidente de afirmar y confortar al grupo al que se pertenece.

2.3.9. *Multirracialidad*: la superposición y el contacto creciente entre culturas étnicas diferentes (o incluso antagónicas) en un mismo territorio urbano, representa siempre un factor capaz de desencadenar roces y fricciones interculturales, que se agudizan, en la opinión de la mayoría de los sociólogos, cuando la situación económica general es de latente o franca recesión. La primera, y más importante, multiculturalidad se encuentra justamente en ese encuentro problemático entre una sociedad receptora, con una cultura y una identidad (léase idiosincrasia) colectiva muy pronunciada, y otros colectivos, igualmente ricos en tradición y cultura autóctonas, que generan un conjunto híbrido, es decir, una mezcla económica, cultural y hasta incluso lingüística que sociológicamente constituye una novedad. En la gran mayoría de los casos las *inserciones* migratorias son pacíficas y tienen éxito, es indudable, por otra parte, que esa situación ha representado (y sigue representando) un potencial caldo de cultivo para las formaciones de subculturas cerradas, que implican *guetizacion* física y simbólica, e incluso la criminalización, de (y para) determinados grupos juveniles.

Definitivamente, todos estos aspectos que se mencionaron con anterioridad son condicionantes y a veces se podrían considerar hasta determinantes para la formación de estas tribus urbanas. Grupos estos que en realidad son minoritarios en comparación con todos aquellos que se desenvuelven entre los parámetros *normalmente* aceptados en una sociedad convencional.

2.4. ¿Que son tribus urbanas?

Existen diferentes conceptos alrededor del fenómeno tribal urbano o neotribalismo, también llamados, movimientos culturales juveniles, pero haremos referencia a lo que según Pérez Tropea, debemos entender por Tribus Urbanas, y que manifestaciones debemos esperar:

- Una tribu urbana se constituye como un conjunto de reglas específicas (diferenciadoras) a las que el joven decide confiar su imagen parcial o global con diferentes -pero siempre bastantes altos- niveles de implicación personal.

- Una tribu funciona casi como una pequeña mitología en donde sus miembros pueden construir con relativa claridad una imagen, un esquema de actitudes y/o comportamientos gracias a los cuales salir del anonimato con un sentido de la identidad reafirmado y reforzado.

- En una tribu tienen lugar juegos de representaciones que le están vedados a un individuo normal. Cuantitativamente, pertenecer a una tribu es una opción minoritaria en la realidad urbana, pero se hace llamativa, porque es literalmente excesiva, ya que quiere, programáticamente, excederse, superar las limitaciones, es decir, las reglas de la sociedad dominante y uniformadora.

- Mediante la *tribalización* se reafirma la contradictoria operación de una identidad que quiere escapar de la uniformidad y no duda en vestir *uniforme*. Se trata, por lo visto, de "impertinentes" símbolos de pertenencia, un juego entre máscaras y esencias.

- Todas las tribus urbanas inventariadas constituyen un factor potencial de desorden y agitación social, ya que su propio acto de nacimiento representa simbólicamente "desenterrar el hacha de guerra" contra la sociedad adulta de la que de alguna forma, no se quiere formar parte.

- El *look* más extremado y menos convencional revela una actitud (y una necesidad) auto expresiva más intensa de lo habitual, y en consecuencia también más activa, pudiéndose manifestarse en forma agresiva y violenta.

- La relación de pertenencia del individuo al grupo es intensa, globalizadora y aporta un sentido existencial. Todas sus maniobras y actuaciones parecen estar dirigidas y justificadas en función de esa pertenencia. Asistimos entonces a un evidente proceso de desresponsabilización personal de las acciones.

- *Punks* (en el pasado reciente) y *skins* en el (presente) son las subculturas que mejor responden a los rasgos anteriormente mencionados, y representan también los polos opuestos y complementarios, solidificados, del abanico (real y/o imaginario) de las tribus urbanas.

- Cuando se intenta aclarar en qué canales y con qué modalidades se expresan esas actitudes vitalistas y agresivas, resulta evidente que música y espectáculo deportivo constituyen los canales y las fuentes de inspiración más frecuentes. Seguramente por su potencial de agregación masiva y de intensidad emocional.

- Sintomáticamente, las actitudes más violentas se acompañan de una "imagen de marca" fácil de reconocer, un uniforme ceremonial, una especie de instrumento simbólico para quien quiere distinguirse por sus actos y atuendo. A diferencia de las pandillas juveniles tradicionales, en donde el hecho delictivo –o la gamberrada- tendía a ocultárse, en esas tribus la violencia no se disimula, al contrario, se manifiesta y se muestra con orgullo, satisfacción y como sistema de provocación.

Capítulo 3: La Construcción Social de las Tribus Urbanas:

Este apartado será desarrollado, tomando como referencia la ya clásica obra de Berger y Luckman, "La Construcción Social de la Realidad"[4] por lo que la mayoría de los parámetros teóricos al tema que nos concierne, será en base a esta, aunque literalmente no se mencione en determinado momento. Este no es resumen de la obra en mención, si no que solamente seleccionamos algunos conceptos de la misma, para ubicarnos en contexto y que nos sirvan como referencia teórica, para el abordaje del mismo. Con la intencionalidad de comprender como se produce el proceso de construcción social sobre una realidad, en este caso, la construcción social de las tribus urbanas.

3.1. La construcción social de la realidad

Las tesis fundamentales de los autores de la obra que será nuestro referente, es que "la realidad se construye socialmente, y que la sociología del conocimiento debe analizar los procesos por los cuales esto se produce". Los términos claves de dichas tesis son: "realidad" y "conocimiento". Se define la "realidad" como una cualidad propia de los fenómenos que reconocemos como independientes de nuestra propia volición (no podemos hacerlo desaparecer) y "conocimiento" como a la certidumbre de que los fenómenos son reales y de que poseen características específicas.

Para ellos, existen diferentes tipos de realidades, cada hombre tiene su forma de ver las cosas y analizar los hechos, y

---

4 Berger, Peter L, y Luckman, Thomas. Escribieron esta obra que, aunque en términos históricos es muy reciente (1967, versión inglesa, 1968, versión castellana) por su contribución a la sociología, es considerada ya como un clásico, por todo el aporte que representa, siendo concebida por sus autores como un tratado teórico de carácter sistemático sobre sociología del conocimiento.

de una determinada situación, pueden existir diferentes apreciaciones o realidades, y de esta realidad que se produce como resultado de un proceso de construcción, de un constructo, de un proceso social, y de este fenómeno se debe encargar la sociología del conocimiento. En virtud de lo anterior, el sociólogo está obligado a indagar, al menos, si la diferencia entre unas y otras "realidades" no pueden entenderse en relación con las diversas diferencias que existen entre una y otras sociedades.

Para Berger y Luckman, la construcción social de una realidad tiene tres aspectos fundamentales:

3.2.1.1. Los fundamentos del conocimiento en la vida cotidiana:

Para nuestros autores, la cotidianeidad y su conocimiento, tiene mucho que ver al momento de la construcción social de una realidad, en este caso, la construcción social de las tribus urbanas. Son tres los fundamentos a saber para el conocimiento de la vida cotidiana:

3.2.1.2. La realidad de la vida cotidiana

La vida cotidiana se presenta como una realidad interpretada por los hombres y que para ellos tiene el significado subjetivo de un mundo coherente. Por lo que es un mundo que se origina en sus pensamientos y acciones, y que está sustentado como real por estos. Por lo que hay que clarificar, dicen nuestros autores, los fundamentos del conocimiento en la vida cotidiana, a saber, las objetivaciones de los procesos (y significados) subjetivos por medio de los cuales se construye el mundo *intersubjetivo* del sentido común.

Este sentido común encierra innumerables interpretaciones pre-científicas y cuasi-científicas sobre la realidad cotidiana, a la que se da por establecida. Por otro lado, se puede decir que la conciencia es capaz de moverse en diferentes esferas de la realidad, el mundo consiste en realidades múltiples. En esa multiplicidad de realidades, existe una que se presenta como la realidad por excelencia, es la suprema realidad.

La realidad de la vida cotidiana se presenta ya objetivada, constituida por un orden de objetos que han sido designados como objetos antes que apareciésemos en escena. La vida, entonces tiene significado, vivimos en un lugar geográfico, utilizamos algunos artículos suntuarios, tenemos un nombre y nacionalidad, sostenemos relaciones fraternales con nuestros pares, todo esto en correspondencia con un lenguaje en común.

Puesto que la realidad de la vida cotidiana se organiza alrededor del "aquí" de mi cuerpo y el "ahora" de mi presente, estos son los focos de atención que se presta a la realidad de la vida cotidiana y constituyen lo "real" de mi conciencia. Sin embargo, la realidad de la vida cotidiana no se agota en estos fenómenos presentes sino que abarca fenómenos que no están aquí y ahora, lo que significa que se experimenta la vida cotidiana en grados diferentes de proximidad y alejamiento, tanto espacial como temporal. La realidad de la vida cotidiana se da por establecida como realidad, no requiriendo verificaciones adicionales. Para cada individuo, existe una realidad, y su realidad, es un hecho fáctico.

El mundo de la vida cotidiana se estructura tanto en el espacio como en el tiempo. La estructura espacial es totalmente periférica con respecto a nuestras consideraciones presentes. La temporalidad, es una propiedad intrínseca de la conciencia. El torrente de la conciencia está siempre ordenado temporalmente.

3.2.1.3.Interacción social en la vida cotidiana

Este segundo aspecto de los fundamentos del conocimiento en la vida cotidiana, tiene que ver con el hecho de que la realidad de la vida cotidiana se comparte con otros, siendo la situación "cara a cara" la más importante de las experiencias de interacción social y del que derivan todas las demás situaciones de interacción. En esta situación el otro es completamente real. Ésta presencia puede ser próxima o remota y varía de acuerdo a la "distancia" que se vaya tomando del otro. En uno y otros casos, el otro es perfectamente real aunque llegue a constituir algo tan lejano y anónimo como lo que se denomina "opinión pública".

Entonces, la realidad social de la vida cotidiana es aprehendida en un continuo de tipificaciones que se vuelven progresivamente anónimas a medida que se alejan del "aquí" y "ahora" de la situación "cara a cara".

En un polo están los otros con los que interactúo intensamente y en el otro polo hay abstracciones sumamente anónimas que por su misma naturaleza nunca pueden ser accesibles a un "cara a cara". En este tono, la estructura social es un elemento esencial de la realidad de la vida cotidiana.

3.1.2.4. El lenguaje y el conocimiento en la vida cotidiana.

La expresividad humana es capaz de objetivarse por manifestarse en productos de la actividad humana. La realidad de la vida cotidiana está llena de objetivaciones y además es posible únicamente por ellas. La significación es un caso especial de objetivación y se refiere a la producción humana de signos. Los signos se agrupan en una cantidad de sistemas: gesticulatorios, movimientos corporales pautados, grupos de artefactos materiales, etc.

El lenguaje es el sistema de signos vocales más importante de la sociedad humana. Las objetivaciones comunes de la vida cotidiana se sustentan primariamente por la significación lingüística, lo que hace que la comprensión del lenguaje sea esencial para cualquier comprensión de la realidad de la vida cotidiana. El lenguaje es capaz de transformarse en depósito objetivo de vastas acumulaciones de significado y experiencia que puede preservar a través del tiempo y transmitir a generaciones futuras.

Además, el lenguaje es capaz de trascender por completo la realidad de la vida cotidiana. El lenguaje construye enormes edificios de representación simbólica que parecen dominar la realidad de la vida cotidiana como gigantescas presencias de otro mundo. Aquí pueden mencionarse la religión, la filosofía, el arte y la ciencia. El simbolismo y el lenguaje simbólico llegan a ser constituyentes esenciales de la realidad de la vida cotidiana y de la aprehensión que tiene de esta realidad el sentido común. El lenguaje constituye campos semánticos o zonas de significación lingüísticamente circunscritos. Dentro de estos campos semánticos se posibilita la objetivación, la retención y la acumulación de la experiencia biográfica e histórica.

Esta acumulación forma un acopio social de conocimiento que se transmite de generación en generación y está al alcance del individuo en la vida cotidiana. Lo anterior permite la "ubicación" de los individuos en la sociedad y el manejo apropiado de ellos cuando participan en el cúmulo social de conocimiento. El acopio social de conocimiento establece diferenciaciones dentro de la realidad según los grados de familiaridad. De esa manera el conocimiento sobre la propia ocupación y el propio mundo es muy abundante y específico, mientras que del mundo ocupacional de los otros tengo apenas un conocimiento muy esquemático.

El conocimiento de la vida cotidiana se estructura en términos de relevancias, algunas de las cuales determinan los propios intereses pragmáticos inmediatos y otras por la situación general en que se encuentra el individuo dentro de la sociedad. Esto determina el grado de acopio de conocimiento objetivado.

3.2.2. La sociedad como realidad objetiva:

Éste segundo aspecto de la construcción social de la realidad, está estrechamente vinculado con dos fenómenos:

3.2.2.3. Institucionalización

La institucionalización, tiene que ver con cinco aspectos:

- Organismo y actividad: El proceso por el cual se llega a ser hombre se produce en una interrelación con un ambiente. Éste enunciado cobra significación si se piensa que dicho ambiente es tanto natural como humano. O sea, que el ser humano en proceso de desarrollo se interrelaciona no sólo con un ambiente natural determinado sino también con una orden cultural y social específico mediatizado para él por los otros significantes a cuyo cargo se halla. La forma específica dentro de la cual se moldea esta humanidad está determinada por dichas formaciones socioculturales y tiene relación con sus numerosas variaciones.

  Es significativo decir que el hombre construye su propia naturaleza o sea, que el hombre se produce a sí mismo. El desarrollo común del organismo y el yo humano en un ambiente social determinado se relaciona con la vinculación peculiarmente humana entre el organismo y el yo. La auto-producción del hombre es siempre y por necesidad, una empresa social. Los hombres producen juntos un ambiente social con la totalidad de sus formaciones socioculturales y psicológicas.

La humanidad específica del hombre y su socialidad están entrelazadas íntimamente. El homo sapiens es siempre, y en la misma medida, homo socius. El orden social es un producto humano o una producción humana constante, realizada por el hombre en el curso de su continua externalización. El orden social humano no se da en el ambiente natural. No forma parte de la "naturaleza de las cosas" y no puede derivar de las "leyes de la naturaleza". Existe solamente como producto de la actividad humana. Tanto por su génesis como por su existencia el orden social es un producto humano.

- Orígenes de la institucionalización: Toda actividad humana está sujeta a la habituación. Todo acto que se repite con frecuencia crea una pauta que luego puede reproducirse con economía de esfuerzos y que ipso facto es aprehendida como pauta por el que la ejecuta. Hasta los individuos que se encuentren aislados estarán sujetos a la habituación.

Estos procesos de habituación son los que anteceden a toda institucionalización, la que aparece cuando se da una tipificación recíproca de acciones habitualizadas por tipos de actores. Un sector de la actividad humana se institucionaliza cuando es sometido al control social. Un mundo institucionalizado se experimenta como realidad objetiva, tiene una historia que antecede al nacimiento del individuo y no es accesible a su memoria biográfica. La biografía del individuo es un episodio ubicado dentro de la historia objetiva de la sociedad. Las instituciones ejercen sobre el individuo un poder de coacción.

La objetividad del mundo institucional es una objetividad de producción y construcción humanas, es actividad humana objetivada. La relación entre el hombre (productor) y el mundo social, su producto es dialéctica e interactúan. La externalización, la objetivación y la internalización son momentos del proceso de la socialización.

Cada uno de ellos corresponde a una caracterización esencial del mundo social:
- ~ La sociedad es un producto humano,
- ~ La sociedad es una realidad objetiva,
- ~ El hombre es un producto social.

La legitimación del orden institucional es aprendida por las nuevas generaciones durante el mismo proceso que las socializa dentro del orden institucional.

- Sedimentación y tradición: La conciencia retiene solamente una pequeña parte de la totalidad de las experiencias humanas, la que una vez retenida se sedimenta. La sedimentación es el proceso por el cual las experiencias quedan estereotipadas en el recuerdo como entidades reconocibles y memorables.

El lenguaje se convierte en depositario de una gran suma de sedimentaciones colectivas, que se adquieren como conjuntos cohesivos y sin reconstruir su proceso original de formación. Las legitimaciones pueden sucederse unas a otras, otorgando nuevos significados a las experiencias sedimentadas de esa colectividad. La transmisión del significado de una institución se basa en el reconocimiento social de aquella como solución "permanente" a un problema "permanente" de una colectividad dada.

Los actores deben enterarse sistemáticamente de estos significados, lo que requiere de una cierta forma de proceso educativo. Tanto el saber como el no saber se refieren a lo que es definido socialmente como realidad. Las dificultades que surgen se relacionan con las actividades teóricas de los legitimadores y de las actividades prácticas de los educadores en la nueva sociedad.

- Roles: Las instituciones se encarnan en la experiencia individual por medio de los roles. Al desempeñar roles, los individuos participan en un mundo social y al internalizar dichos roles, ese mismo mundo cobra realidad para ellos subjetivamente.

El origen de los roles reside en el mismo proceso fundamental de habituación y objetivación que el origen de las instituciones. Los roles aparecen tan pronto como se inicia el proceso de formación de un acopio común de conocimiento que contenga tipificaciones recíprocas de comportamiento.

Todo comportamiento institucionalizado involucra roles. Los roles representan el orden institucional. Ni la institución ni la obra existen empíricamente fuera de esta realización recurrente. Los roles representan instituciones ya que posibilitan que ellas existan, una y otra vez, como presencia real en la experiencia real de individuos concretos.

Los roles tienen gran importancia estratégica en una sociedad ya que representan no solo tal o cual institución, sino la integración de todas en un mundo significativo. Cada rol brinda acceso a un sector específico del acopio total de conocimiento que posee la sociedad. Esto implica una distribución social del conocimiento.

- Alcances y modos de la institucionalización: La institucionalización no es un proceso irreversible a pesar del hecho de que las instituciones, una vez formadas, tienden a persistir. Si hay algún problema se debe a las dificultades subjetivas que pueda tener el individuo al internalizar los significados socialmente aceptados. A medida que se van produciendo mayores desviaciones se producirán también modificaciones importantes en el carácter dado a los significados institucionales.

Existirá ahora un problema objetivo con respecto a una integración amplia de significados dentro de la sociedad total. La multiplicación de perspectivas aumenta sobremanera el problema de establecer una cubierta simbólica estable para toda la sociedad.

Como la relación entre el conocimiento y su base social es dialéctica, es decir el conocimiento es un producto social y un factor de cambio social, lo anteriormente expuesto impulsa otros modos de institucionalización. La variabilidad histórica de la institucionalización se relaciona con la manera en que se objetiva el orden institucional, lo que plantea la cuestión de la reificación de la realidad social. La reificación es la aprehensión de fenómenos humanos como si fueran cosas, en términos no humanos o posiblemente supra-humanos.

Como si los productos de la actividad humana fueran algo distinto de los productos humanos, como hechos de la naturaleza, como resultado de leyes cósmicas o manifestaciones de la voluntad divina. El mundo reificado es, por definición, un mundo deshumanizado. No se debe limitar el concepto de reificación a las construcciones mentales de los intelectuales. La reificación existe en la conciencia del hombre de la calle.

Todo el orden institucional podría aprehenderse en términos reificados, tanto en conjunto como segmentariamente. Los roles pueden reificarse al igual que las instituciones.

Este análisis sirve como correctivo permanente a las propensiones reificadoras del pensamiento teórico en general y del sociológico en particular impidiendo que caigan en una concepción no dialéctica de la relación que existe entre lo que los hombres piensan y lo que hacen.

3.2.2.4. Legitimación

Este segundo fenómeno de la sociedad como realidad objetiva, tiene que ver igualmente con tres aspectos:

- Orígenes de los universos simbólicos

La legitimación es el proceso que constituye una objetivación de significado de "segundo orden". La legitimación no es indispensable en la primera fase de la institucionalización. Surge inevitablemente cuando las objetivaciones del orden institucional deben transmitirse a una nueva generación. Este proceso de explicar y justificar el orden institucional atribuyendo validez cognoscitiva a sus significados objetivados constituye la legitimación. El conocimiento precede a los valores en la legitimación de las instituciones.

Es posible distinguir entre niveles diferentes de legitimación:

~ La legitimación incipiente aparece tan pronto como se transmite un sistema de objetivaciones lingüísticas de la experiencia humana.

~ El segundo nivel de legitimación lo constituyen las proposiciones teóricas rudimentarias.

~ El tercer nivel contiene las teorías explícitas por las que un sector institucional se legitima en términos de un cuerpo de conocimiento diferenciado. Suele encomendarse esta función a personal especializado para que las transmita.

~ El cuarto nivel lo constituyen los universos simbólicos que son cuerpos de tradición teórica que integran zonas de significado diferentes y abarcan el orden institucional en una totalidad simbólica.

El universo simbólico se concibe como la matriz de todos los significados objetivados socialmente y subjetivamente reales. El universo simbólico se construye mediante objetivaciones sociales. La cristalización de los universos simbólicos sucede a los procesos de objetivación, sedimentación y acumulación del conocimiento. El universo simbólico aporta el orden para la aprehensión subjetiva de la experiencia biográfica. El universo simbólico puede describirse diciendo que "pone cada cosa en su lugar" dado que ordena las diferentes fases de la biografía.

- Mecanismos conceptuales para el mantenimiento de los universos simbólicos

El universo simbólico es teórico. Se origina en procesos de reflexión subjetiva los que con la objetivación social llevan al establecimiento de vínculos explícitos entre los temas significativos que arraigan en las más diversas instituciones. Solamente una vez que el universo simbólico se objetiva como primer producto del pensamiento teórico surge la posibilidad de la reflexión sistemática sobre la naturaleza de ese universo. Sería una legitimación de segundo grado.

Todo universo simbólico es incipientemente problemático. La existencia de grupos heréticos plantea no sólo una amenaza teórica para él sino también una amenaza práctica para el orden institucional legitimado por ese universo simbólico. Esto implica poner en marcha diversos mecanismos conceptuales destinados a mantener el universo "oficial" contra el desafío herético. La aparición de universos simbólicos alternativos es una amenaza porque su misma existencia demuestra empíricamente que nuestro propio universo es menos que inevitable.

Los mecanismos conceptuales para el mantenimiento de los universos son en sí mismos productos de la actividad social, como lo son todas las formas de legitimación y el enfrentamiento con universos alternativos implica un problema de poder. Estos mecanismos de mantenimiento siempre entrañan la sistematización de legitimaciones que ya estaban presentes en la sociedad de modo más sencillo y que cristalizan en el universo en cuestión.

Los más antiguos mecanismos de mantenimiento son los que adquieren formas mitológicas, los que se esfuerzan por eliminar incoherencias y mantener el universo mitológico en términos de integración teórica. La teología constituye una forma de estos mecanismos. Otra es la ciencia. También la terapia utiliza mecanismos conceptuales para mantener a todos dentro del universo de que se trate.

- Organización social para el mantenimiento de los universos simbólicos

Este último aspecto de la legitimación de la sociedad como realidad objetiva, se refiere a que todos los universos construidos socialmente cambian porque son productos históricos de la actividad humana. A medida que surgen formas más complejas de conocimiento aparecen los expertos, quienes demandan jurisdicción definitiva sobre la totalidad del acopio social de conocimiento en esa área. Esto conlleva la posible aparición de conflictos entre camarillas rivales de expertos.

La etapa del desarrollo del conocimiento tiene una cantidad de consecuencias. La primera es la aparición de la teoría pura. La segunda es el fortalecimiento del tradicionalismo en las acciones institucionalizadas, lo que legitima la tendencia a la inercia.

Las situaciones monopolistas presuponen un alto grado de estabilidad socio-estructural y son de por sí estructuralmente estabilizadoras, pero pueden no lograr mantenerse por diversas razones, tanto internacionales como domésticas.

El sectarismo intelectual es típicamente un ejemplo de desintegración social o pérdida de objetivación en la sociedad global. Los intelectuales emprenden la realización de sus designios para la sociedad en la sociedad. La revolución es una gran opción de orden histórico. El intelectual revolucionario debe conseguir otros que mantengan para él la realidad de la ideología revolucionaria. Su realidad asume proporciones masivas cuando todos los estratos sociales se convierten en sus portadores. La historia de los movimientos revolucionarios modernos aporta muchos ejemplos de la transformación de los intelectuales revolucionarios en legitimadores "oficiales" tras el triunfo de dichos movimientos.

3.2.3. La sociedad como realidad subjetiva

Este último aspecto de la construcción social de la realidad tiene que ver también, con cuatro factores:

3.2.3.3. Internalización de la realidad

La internalización de la realidad se logra por medio del proceso socializador a que el individuo está sometido. La socialización puede ser:

* Socialización primaria:

La sociedad se entiende como un continuo proceso dialéctico compuesto de tres momentos: externalización, objetivación e internalización. Participar en su dialéctica es estar en la sociedad. El individuo es inducido a participar en esta dialéctica y el punto de partida es la internalización, que es la aprehensión o interpretación inmediata de un acontecimiento objetivo en cuanto expresa significado. Constituye la base para la comprensión de los propios semejantes y para la aprehensión del mundo en cuanto a realidad significativa y social. Comienza cuando el individuo asume el mundo en el que ya viven otros.

La socialización es la inducción amplia y coherente de un individuo en el mundo objetivo de una sociedad o en un sector de él. La socialización primaria es la primera que el individuo atraviesa en su niñez y por medio de ella se convierte en miembro de la sociedad. La socialización secundaria es cualquier proceso posterior que induce al individuo ya socializado a nuevos sectores del mundo objetivo de su sociedad.

La socialización primaria suele ser más importante para el individuo y toda socialización secundaria debe semejarse a la de la primaria. La primaria se efectúa en circunstancias de enorme carga emocional: el niño acepta los roles y actitudes de los otros significantes, los internaliza y se apropia de ellos. El yo es una entidad reflejada. Acepta los roles y el mundo de los otros ubicándose en un mundo determinado.

La socialización primaria crea en la conciencia del niño una abstracción progresiva que va de sus roles y actitudes de los otros específicos, a los roles y actitudes en general. La sociedad, la identidad y la realidad se cristalizan subjetivamente en el mismo proceso de internalización y se corresponde también con la internalización del lenguaje, el que constituye el contenido y el instrumento más importantes de la socialización.

La socialización primaria "finaliza" cuando el concepto del otro generalizado se ha establecido en la conciencia del individuo. Ahora ya es miembro efectivo de la sociedad. La socialización nunca es total y nunca termina.

- Socialización secundaria:

Esta es la internalización de submundos institucionales. Su alcance y su carácter se determinan por la complejidad de la división del trabajo y la distribución social concomitante del conocimiento. Esta socialización secundaria es la adquisición del conocimiento específico de roles arraigados en la división del trabajo.

Así como la socialización primaria está influenciada por la carga emocional del niño, esta secundaria puede prescindir de ella y proceder con la sola dosis de identificación mutua que interviene en cualquier comunicación entre seres humanos. En la socialización secundaria suela aprehenderse el contexto institucional

La distribución institucionalizada de tareas entre la socialización primaria y la secundaria varía de acuerdo con la complejidad de la distribución social del conocimiento. La educación constituye un ejemplo inmejorable de la socialización secundaria.

- Mantenimiento y transformación de la realidad subjetiva

Toda sociedad viable debe desarrollar procedimientos de mantenimiento de la realidad para salvaguardar cierto grado de simetría entre la realidad objetiva y la subjetiva. Se distinguen dos tipos de mantenimiento de la realidad: de rutina y de crisis. El primero está destinado a mantener la realidad internalizada en la vida cotidiana y el segundo en las situaciones de crisis.

La realidad de la vida cotidiana se mantiene porque se concreta en rutinas, lo que constituye la esencia de la institucionalidad. En el proceso de mantenimiento social de la realidad se puede distinguir entre los otros significantes y los otros menos importantes.

El vehículo más importante de este mantenimiento es el diálogo, lo que incluye lo que la gente conversa entre sí más las emanaciones de la comunicación no oral que rodean al habla. La gran parte del diálogo cotidiano mantiene la realidad subjetiva, la que adquiere solidez por la acumulación y coherencia del diálogo casual. El aparato conversacional mantiene continuamente la realidad y también la modifica de continuo.

La socialización implica la posibilidad de que la realidad subjetiva pueda transformarse. La transformación se aprehende subjetivamente como tal. Las transformaciones que parecen totales se denominan alternaciones.

La alternación requiere procesos de re-socialización que se asemejan a la socialización primaria. El prototipo histórico de la alternación es la conversión religiosa. La alternación comporta una reorganización del aparato conversacional. El requisito más importante es disponer de un aparato legitimador para toda la serie de transformaciones.

En la re-socialización el pasado se re-interpreta conforme con la realidad presente. En la socialización secundaria el presente se interpreta de tal modo que se halle en relación continua con el pasado. Es decir, la base de la realidad para la re-socialización es el presente y para la socialización secundaria es el pasado.

3.2.3.4. Internalización y estructura social

La socialización siempre se efectúa en el contexto de una estructura social específica. La socialización exitosa se da por el establecimiento de un alto grado de simetría entre la realidad objetiva y la subjetiva. La socialización deficiente se entiende en razón de la asimetría entre ambas realidades.

El éxito máximo en la socialización se da en sociedades con una división del trabajo sencilla y una mínima distribución del conocimiento. Las anti-definiciones de realidad e identidad se presentan en cuanto las sociedades se congregan en grupos socialmente durables que inician sus propios procesos de socialización porque estos individuos forman una anti-comunidad propia.

3.2.3.5. Teorías de la identidad

La identidad constituye un elemento clave de la realidad subjetiva y en cuanto tal, se halla en una relación dialéctica con la sociedad. La identidad se forma por procesos sociales. Las identidades producidas por el inter juego del organismo, conciencia individual y estructura social reaccionan sobre la estructura social dada, manteniéndola, modificándola o reformándola. Las estructuras sociales históricas específicas engendran tipos de identidad, reconocibles en casos individuales.

Los tipos de identidad son observables y verificables en la experiencia pre-teórica y por ende pre-científica. La identidad es un fenómeno que surge de la dialéctica entre el individuo y la sociedad.

3.2.3.6. Organismo e identidad

En la socialización, la animalidad del hombre se transforma, pero no queda abolida. El hombre es aún capaz de comer y teorizar al mismo tiempo. Externamente, consiste en una dialéctica entre el animal individual y el mundo social. El organismo coloca límites a lo que resulta socialmente posible. Internamente, es una dialéctica entre el substrato biológico del individuo y su identidad producida socialmente. La dialéctica se manifiesta en la limitación mutua del organismo y la sociedad.

La sociedad puede mutilar y matar. En realidad, en este poder que posee sobre la vida y la muerte se manifiesta su control definitivo sobre el individuo. La sociedad también interviene directamente en el funcionamiento del organismo, sobre todo con respecto a la sexualidad y a la nutrición.

La canalización social de actividades constituye la esencia de la institucionalización que es el fundamento para la construcción social de la realidad. La realidad social determina no sólo la actividad y la conciencia sino también el funcionamiento del organismo. Esto tiene máxima evidencia en el proceso de socialización primaria. La socialización comporta inevitablemente esta clase de frustración biológica.

En la socialización secundaria existen problemas similares para adaptar el organismo al mundo socialmente construido, con un menor grado de frustración biológica. En el individuo totalmente socializado existe una dialéctica interna continua entre la identidad y su substrato biológico.

En la dialéctica entre la naturaleza y el mundo socialmente construido, el propio organismo se transforma. En esa misma dialéctica, el hombre produce la realidad y por tanto se produce a sí mismo.

3.2. Barras bravas, pandillas y su constructo social:

Luego de establecer el marco teórico referencial, sobre la construcción social de la realidad, como un producto eminentemente humano, y para hablar sobre el constructo social de la realidad de los grupos aquí estudiados, se tomarán como referencia las siguientes consideraciones en este análisis para intentar entenderlos:

- Primero, ¿qué es lo que la sociedad hondureña define u opina en su accionar cotidiano?, sobre lo que ellos creen que son las tribus urbanas, llamadas pandillas el primer grupo, y barras bravas el segundo.

- ¿Cuál es el discurso social de estas tribus? Discurso que aunque es parte fundamental de la construcción social de estos fenómenos tribales, con la intención de resaltarlo, será puesto en análisis en forma separada.

- ¿Cuáles son los diferentes puntos de vista que se generan en torno a estos grupos urbanos, en consonancia con sus prácticas sociales, que producen sobre ellos un estereotipo en la percepción de la ciudadanía?

- ¿Cuál es la interacción social que existe en el interior de estos grupos, y hacia lo externo de estos? De igual manera que interacción se produce de los outsiders, hacia los grupos. Podríamos decir entonces, cual es la dialéctica de la interacción social que se da en torno a este fenómeno.

- ¿Cómo es el proceso de comunicación al interior de estos grupos?, ¿qué tipo de lenguaje utilizan para comunicarse con sus pares?, y de igual manera, para demostrar su autenticidad tribal.

- ¿Cómo es el proceso de institucionalización y legitimación del fenómeno de las tribus urbanas? ¿Existe algún proceso de sedimentación cultural en sus miembros, basado en la experiencia de los más antiguos? ¿Qué roles deben asumir sus miembros? ¿Hay algunos mecanismos utilizados para el mantenimiento de los universos simbólicos de estos grupos?

- ¿Cómo se produce el proceso socializador en estos dos grupos?

- ¿Cuál es la opinión que generan los medios de comunicación sobre estas dos tribus urbanas, las barras y pandillas? Es decir, ¿cuál es la realimentación mediática a que están expuestos los grupos mencionados?

- La opinión de especialistas sobre la temática y grupos en cuestión; así como los criterios y percepciones del ciudadano común al respecto, y que funciona como un discurso de globo sonda.

- Las publicaciones que se dan sobre el tema, la calidad de las mismas y las funciones de orientación, o desorientación que provocan.

Todos estos son elementos de dispersión y difusión del fenómeno tribal urbano. Aportando elementos de identidad así como también, modelos de socialidad de los grupos.

Factores estos que de determinada manera operan la construcción social de unos grupos subculturales que se distinguen precisamente por su permeabilidad y ductilidad a los fenómenos simbólicos.

CAPÍTULO 4: ANTECEDENTES DE LAS TRIBUS URBANAS

Repasemos algunos antecedentes históricos que podrían ser considerados como el origen de estas agrupaciones contemporáneas. Para hacer este ejercicio, hay que tomar como referencia, diferentes estudios que dan cuenta del proceso evolutivo histórico de este fenómeno. Se plasman aquí dos enfoques o miradas con respecto a ello. Primeramente, nos referimos a un análisis de estos grupos según su orden cronológico de aparición, enfocándonos en la aparición sistemática de cada grupo. Y en el segundo caso, se plasma la evolución desde la perspectiva de las culturas juveniles, en el caso específico de España.

Los primeros estudios y manifestaciones tribales juveniles, las encontramos en la pujante Chicago de inicios del siglo XX. En donde, aparejada al desarrollo económico y además industrial de esa ciudad, empiezan a surgir las primeras pandillas de origen étnico. Al parecer, estas se disputaban territorio que proporcionaba la seguridad para realizar algunas transacciones de corte ilícito, y que representaba un considerable ingreso para sus miembros.

A raíz de esto, empiezan a surgir los primeros estudios de ecología humana, realizados por la universidad de Chicago, cuyo propósito, era estudiar aquellas conductas humanas específicas del medio urbano. Y que eran producto de factores sociales, y no patológicos.

En 1929, aparece el estudio The Gang, de Frederick Trasher, donde el plasmaba los resultados de investigación sobre 1,313 bandas urbanas, describiendo elementos característicos de estos como lenguaje, modo de vestir, formas de relacionarse entre sí, etc.

En 1943, surge la obra "La sociedad de las esquinas" de William Foote White, resultado de un trabajo de observación participante. Más adelante, Cohen y Miller, siguen con estos trabajos sobre las culturas juveniles. En los años posteriores, se consolidaron y surgieron más estudios sobre las nuevas culturas juveniles.

4.1. Evolución histórica de las tribus urbanas:

A continuación, se enumeran algunas manifestaciones tribales, en lo que consideramos como la evolución histórica de las tribus urbanas contemporáneos.

4.1.1. *Los Teddy Boys*: En los años 50´s en Inglaterra, surge la primera manifestación cultural juvenil, llamada los Teddy Boys, procedentes de la clase trabajadora del East End de Londres, que se produjo como fruto de la confrontación de jóvenes de la clase obrera, que tenían trabajos mal remunerados. Ellos se preocupaban por el estilo, apariencia, su atención a los detalles de moda y de la música. Su rechazo al entorno se manifestaba mediante la adopción de una identidad diferenciada que mezclaba diferentes estilos, como el eduardiano, algunos rasgos *zooties* y *cowboys* con el rock and roll, que denotaban estos, la carencia de cualquier tipo de ideologías.

A los teddies, se les consideraba como un conjunto de jóvenes no comprometidos, proletarios y xenófobos, que convirtieron el rock en vehículo de una rebelión indiscrimada contra todo, sea esto familia, trabajo, escuela, policía, extranjeros. Además, marcaron la introducción de la violencia racial como estilo subcultural entre los jóvenes británicos, protagonizando los primeros enfrentamientos con afrocaribeños.

Es esta manifestación juvenil, la que se considera como el antecedente de los *rockers*. De estos, los Teddy Boys, surgen también los *Mods*, que más adelante se describirán.

4.1.2. Los *Rockers*: Proceden de la parte socialmente más modesta de los Teddy Boys. De apariencia desaliñada, pelo largo y grasiento, chaleco vaquero, abrigo, chumpa o campera negra de cuero, tatuajes, etc. Estos Rockers, tienen mucho más parecido en realidad, a los motociclistas americanos, llamados Hell´s Angels. Como ya se mencionó, su origen fue en Inglaterra, a inicios de los 60´s.

Surgen como una respuesta y una alternativa a los Mods y como defensa a los valores más puros del rock and roll. Utilizaban un flequillo a lo Elvis Presley. En este grupo, surgió una variación, o sub grupo, nos referimos a los Heavys. Tras el festival de Woodstock el panorama del rock se endurece, las guitarras eléctricas del heavy invaden los medios de comunicación y las casas discográficas.

Al parecer el término heavy metal se acuña en 1968, y alcanza su esplendor hasta la década de los 70. Cuando nos referimos al *heavy metal* en tanto que género específico dentro del universo del rock, existe cierto consenso en considerar su aparición a finales de la década de los sesenta, a pesar de que la denominación cuajaría años más tarde. En un principio el *heavy* se vio como una versión progresivamente radicalizada del rock duro de aquel momento, con el cual seguiría compartiendo rasgos estilísticos básicos: la dureza en la interpretación vocal, la distorsión de la base guitarrística y un sonido global muy denso y agresivo. Los grupos musicales que forjaron aquel primer *heavy* fueron sintetizando algunas características procedentes del *blues* -sobre todo en el tratamiento de las guitarras y la voz- y de la música psicodélica -en la experimentación y la creación de densas atmósferas sonoras-, en una asociación que los relacionará desde su inicio a un ideario de protesta y trasgresión.

En pocos años, aquel primer sonido acabará por acentuar los trazos más duros de las que fueran sus fuentes musicales, para consolidarse como un nuevo género diferenciado de otras formas de rock. Alrededor del nuevo sonido se recogerán también las imágenes menos sociables del rock y desde entonces los denominados *heavies* - tanto grupos musicales como el público que se mimetiza- irán consolidando un vestuario y un aspecto distintivo, una gestualidad y unas pautas de comportamiento deliberadamente agresivas en sus formas, así como actitudes provocadoras asociadas tanto al elevado tono de algunas de las letras de sus canciones (anticlericales, sexuales, antisistema, etc.) como a su puesta en escena y su imagen pública.

Entre los años sesenta y setenta, el nuevo sonido y la nueva estética *heavy metal* fueron tomando cuerpo en infinidad de grupos musicales, especialmente en la escena anglosajona, y en una nueva subcultura que tuvo su momento de máxima visibilidad social en la década de los ochenta.

4.1.3. Los *Mods*: Vestían de ropa impecable y de comportamiento *snob* (o presuntuoso), la característica distintiva de lo que luego se convertiría en una verdadera subcultura: trajes italianos, pantalones estrechos, cabellos cortos. Estos, celebraban la nueva era consumista de los 70´s, pero el verdadero, vehículo de protesta ante la sociedad, más que la pulcritud de su apariencia, fue su movilidad con la motocicleta Vespa, verdadero símbolo de protesta, y subcultura visible a los ojos de la sociedad.

Los Mods juntos con los Rockers, se convirtieron en rivales, debido a esas luchas que protagonizaban, eran llamados como subculturas *Folks Devils,* y como describe Cohen, se consideraban por la sociedad como elementos sociales peligrosos, causantes de un verdadero pánico moral.

Los *Mods*, sigla abreviada del concepto *modernist,* surgieron a inicios de los 60's. El nombre expresaba claramente su determinación en querer ser en todo y para todo, contemporáneos a su realidad: la música negra, la preocupación por la imagen, los bailes, la cerveza o los peregrinajes con los *Scooters* durante los fines de semana, son algunos ejemplos de las cosas que les proporcionaba satisfacción.

El declive de este movimiento empezó alrededor del 66 como consecuencia de algunas contradicciones internas y, sobretodo, por la presión de los medios de comunicación. Se crearon así dos grupos contrapuestos: por una parte, los que mostraban un mayor interés por la industria de la moda y que habían abandonado completamente las tradiciones del proletariado inglés y, por la otra, los *Hard Mods* (*Mods* más duros), que querían volver a representar los valores de la clase obrera. En éste momento fue fundamental el acercamiento de los *Hard Mods* a la música y a la filosofía de vida de los *Rude Boys* para que se produzca el nacimiento de la cultura juvenil *Skin Head,* y para que ésta comience a delinear su estilo: obrerismo, tradiciones, pasión por la música jamaicana y veneración de sus poetas.

4.1.4. Los H*ippies*: Utilizaban como atuendos, ropa carnaby street, era más una contra cultura que subcultura, y adoptaban más esa forma de vida, que una mera y pasajera moda, además se manifestaban en contra de la guerra de Vietnam. Ahora, algunos se dedican a labores de artesanías.

4.1.5. *Los Skin Heads*: También llamados cabezas rapadas, quienes eran agresivamente proletarios, chauvinistas y puritanos, además de su obsesiva higiene personal. Su comportamiento hostil en los campos de futbol es también característico en ellos, por lo que igualmente se les conoce en Europa como Hooligans o Ultras. Visten jeans levis, y pañuelos en sus cuellos. Además, es conocido su admiración por el nazismo, por lo que también los llaman neonazis. Su aspecto es muy bien cuidado, visten chumpas de aviador, a veces con patillas largas, botas militares, camisetas tipo polo, blue jeans azules o negros.

Aparecen en el contexto de mayo del 1968 y del festival de Woodstock. A princípios de los 70 los Skin Heads constituyen ya una respuesta al movimiento hippie. La música forma parte de la fiesta en el encuentro del fin de semana. A partir del viernes comienzan a reunirse en los bares habituales y la fiesta acaba en su culminación con el partido de futbol del domingo. Los Skins gustan del estilo de música que está entre el "mod" conservador y el "acid rock" y la que está entre el "hard mod" rebelde, el "ska" y "rocksready".

El movimiento *skinhead* nace en las calles de Londres, fusionando elementos estilísticos y prácticas culturales de dos culturas juveniles obreras precedentes: los *rude boys* y los *mods* ingleses. Los jóvenes de raíces caribeñas (pero naturales de Inglaterra), por mantener vivo el vínculo con su cultura de origen, plasmaron y adaptaron al contexto europeo el estilo de vida de sus coetáneos jamaicanos: el de los *rude boys*. El medio principal que utilizaron para sentirse más cercanos a la isla caribeña fue la música, y se esforzaron en poder importar los sonidos del *ska,* el *rocksready* y el *reggae*.

Además, como modelo de vida eligieron las temáticas narradas por los músicos de Kingston, como podían ser el gansterismo y la violencia callejera. Otro elemento que los caracterizaba era una absoluta elegancia a la hora de vestir: vestidos impecables, camisas, mocasines y el sombrero *pork pie*, elementos estéticos que influenciaran totalmente el futuro estilo de los *skins*.

A finales de la década de los 80 de las cenizas de la música punk y del ska de los mods, nace la música "oi" propia de los skinhead. La música oi es estridente, con batería, guitarra eléctrica y gritos alocados con letras nazis. Se escucha a todo volumen. La letra de las canciones de la música oi es significativa de la violencia que esta gente necesita para demostrar que son algo importante. La música oi es rebeldía, diversión estridente, afirmación de grupo y pasión lúdica por la violencia.

4.1.6. Los *Punks, Punkis o Punketos:* A mediados de la década de los 70´s, ellos se manifiestan en contra de los valores tradicionales que dicta la moda, ostentan un tipo de ropa sucia, deshilachada y rota. Lucen además su característica cresta, y colores en su cabello. Esta es una de las subculturas históricamente más importantes, surge en Inglaterra, como una oposición a la decadencia de las sub culturas rock y hippie.

El termino punk, revela el horizonte social y estético de esta impactante subcultura, ya que significa literalmente "pobre hombre", "bobo", "de mala calidad". Su estética ha influido en todas las subculturas sucesivas, y su influencia es siempre notable. En este grupo, según Pérez Tropea, hay un eclecticismo total, abocado constantemente a la búsqueda de lo feo y de los sucio que, sin embargo, para los punks no implica una negación social de los bello, si no un artificio puramente estético.

Y una tendencia al auto mutilamiento (que llega hasta el suicidio y el homicidio en los casos más extremos), para proclamar a gritos su desesperanza, característica que comparten con los emos, que son de más reciente data. Por ello el punk, es uno de los pocos movimientos que puede integrar una completa polarización entre sus filas, desde el nazi radical hasta el extremista de izquierda. Tienen un aspecto desaliñado, apariencia provocativa, con un peinado que en ocasiones oficiales es una cresta u otro elemento aparatoso e irregular. Varios pendientes en las orejas, siniestras chumpas negras viejas y desgastadas, camisetas y camisas superpuestas. Además de alfileres, clavos, broches, tatuajes, y botas militares.

Son los enemigos número uno de los skins. El nombre parece que proviene de un fanzine "basura" que se publicaba sobre la nueva música "Street Rock" y le pone el nombre de "punk". Y así surge el nombre para los *jóvenes basura* de los 70.

Los punks son violentos, anarquistas y antisociales. Para ellos, el rock and roll ya no es un significado sino un timo de las casas discográficas, frente al rock engominado surgen los "garage bands" que interpretan un rock decadente sucio y violento, "nuestro objeto es el caos, no la música" dicen los integrantes del grupo Sex Pistols. La decadencia del rock no es sólo esto sino la decadencia de muchas otras cosas, frente al "orden-cosmos" de los skins, los punks instauran el "caos-destrucción".

Los punkis empezaron a expresar su "cultura" con la música, el "punk-rock". Su música era crispación y violencia compulsiva, gritos y desarmonía. El punk era una manifestación de la desesperación y la decadencia cultural. El baile no es menos desacorde que todo lo demás. Bailan con los pies juntos, chocan, se zarandean, se agitan con músicas disonantes y letras que hablan de asesinatos, violaciones, muertes, destrucción, etc., buscando el caos más que la música.

4.1.7. *Technos*: Bajo este nombre se aglutina un grupo de jóvenes amantes de un estilo musical que a finales de los 70 comenzó a sonar en el norte de Europa. Es la música techno que toma como base el sintetizador, el resultado es un estilo musical lleno de sonidos y efectos metálicos con claras reminiscencias futuristas. Grupos como Mecano, Depeche Mode, Olé olé y otros, harán las delicias de los más aficionados a la música techno, así como a miembros de otras tribus.

La música disco aterriza en las discotecas en los años 70, a finales de los de esa década comienza a aparecer una nueva corriente que mezcla diferentes estilos musicales, esta mezcla corre a cargo del Disjockey que se convierte en estrella del espectáculo, esta nueva orientación toma el nombre de "house". En 1987 surge el acid house y el acid jazz cuyo emblema será "smiley"

Rápidamente se diversifican las formas y surgen nuevos estilos de mestizaje urbano. En los 90 los festivales techno o raves, han entrado en escena con fuerza buscando nuevos espacios en fábricas o factorías. Los raves, se convierten en fiesta por antonomasia.

4.1.8. El Glam: Llamados también hombres con maquillaje de la mano de los ex-mods, Marc Bolan, representante del "glitter" y de David Bowie, defensor del glam, irrumpe en Inglaterra una música liderada por hombres maquillados y con el pelo teñido. La estética glam pone en juego la imagen de la masculinidad e introduce el elemento de la ambigüedad sexual.

4.1.9. Los B-BOY: Entre rap y grafiti, se empezó a adorar el baile breaking o break dance. Surge a finales de los 70 entre los negros del Bronx en Nueva York de la mano de Kool DJ Herc, inventor del breakbeat. Esta tribu aglutino a adolescentes muy jóvenes de entre los 12 a 19 años.

4.1.10. *Darks o Siniestros*: Estos, tienen como eje tribal central lo negro y la nocturnidad. Aparecieron, igualmente en Inglaterra a inicios de los 80´s, cuando empiezan a fragmentase el ciclón punk, y emergen expresiones más elegantes y misteriosas. Inicialmente se les conocía como *New romantics y Goths,* para luego llamarse darks o sinisters. Tienen un aspecto muy cuidado y barroco, peinado cuidadosamente descuidado de color negro, con mechones de otros tonos, aritos, tez pálida y aspecto casi enfermizo, utilizan símbolos de muerte y religiosos.

Toda esta evolución del fenómeno tribal, como se podrá notar, ha venido aparejada con el catalizador de estos movimientos, la música.

4.2. Las culturas juveniles en España:

También, los españoles Feixa y Porzio, sistematizan la evolución cultural juvenil española, asociándola a manifestaciones juveniles producto de algunas películas que marcaron las épocas. Estas épocas, ellos las dividen en cinco que son necesarias saber:

4.2.1. *Golfos and Jipis (1960-1976): Los Golfos*, una de las primeras películas de Carlos Saura (1959), retrata las peripecias de una pandilla de jóvenes de suburbio en una España todavía plenamente de posguerra, aunque en los albores de una modernización auspiciada por los planes de desarrollo que se empezaban a preparar ese mismo año.

El filme es la historia de cuatro jóvenes de un suburbio madrileño, progresivamente volcados en una delincuencia cada vez más comprometida. Inspirándose en *Los*

Olvidados de Luis Buñuel, y anticipando películas posteriores como *Perros callejeros*, Saura retrata con tintes documentales la frustración juvenil que coincide en los inicios del desarrollismo.

La lenta agonía de los peces, película protagonizada por Joan Manuel Serrat (1974), retrata las dudas de un joven catalán, que en la costa Brava se enamora de una turista extranjera y descubre los movimientos contraculturales que empiezan a surgir tras los Pirineos.

Entre uno y otro filme, dos culturas juveniles opuestas (golfos proletarios y jipis burgueses) se convierten en símbolo y emblema del proceso de modernización cultural acelerado que vive el país.

4.2.2. *Punkis & Posmodernos (1977-1985):* Crecieron entre el cemento de la gran urbe, son náufragos del asfalto. Sonoros nombres, etiquetas de punkies, heavies, mods, rockers que los guarecen en la caliente seguridad de su tribu respectiva. En ocasiones el hacha de guerra es desenterrada para teñir de sangre un mundo lleno de música (...) dominios, zonas de transito, territorios en disputa, el otro mapa de una ciudad desconocida y cotidiana, donde imperan otras leyes, otros valores

A fines de los '70, coincidiendo con la transición democrática, manifiestan Feixa y Porzio, había interrumpido en España el escenario un nuevo sujeto social, bautizado con una significativa etiqueta: "Tribus urbanas". Los medios de comunicación pronto dedicaron gran atención al fenómeno: campañas de pánico moral (como la que siguió a la muerte de un joven *mod* a manos de un *rocker*) se combinaban con la apropiación comercial (como los reportajes en que se anunciaban las tiendas donde comprar los atuendos de cada tribu).

Un *teddy boy* de Zaragoza escribió una carta al director de un periódico para recordar que "las únicas tribus que existen en el mundo son las de los negros de África". Pero un *punk* minusválido ("el Cojo") se hizo famoso gracias a la televisión por destrozar una farola con su bastón, en las masivas manifestaciones estudiantiles de 1987, lo que suscitó el siguiente comentario a cargo de un columnista: "Los sociólogos deberían dar alguna explicación de este fenómeno africano y subdesarrollado"

4.2.3. *Pijos & Makineros (1986-1994): Historias del Kronen*, la película de Montxo Armendáriz (1994), basada en la novela de Alfredo Mañas (1989) narra la vida de una pandilla de jóvenes de clase alta (*pijos*), en sus correrías nocturnas, sus estilos desenfadados y su malestar vital. En la misma época, otras películas retratan la emergencia de nuevas formas de sociabilidad juvenil. *El ángel de la guarda* (Matallana 1995) narra la vida de un joven mod, perteneciente a una familia franquista, en conflicto con otros jóvenes rocker. Es la época de gobierno socialista en España, durante la cual se consolida en el poder una generación que había protagonizado la lucha antifranquista y que ve con cierta suspicacia la presencia de jóvenes aparentemente apáticos y despolitizados, cuyas estéticas y formas de vida descalifica como un fenómeno puramente comercial y consumista.

Desde el punto de vista de las culturas juveniles, el periodo se caracteriza por tres procesos:

- La segmentación de las subculturas juveniles en múltiples estilos que aparecen como un catálogo de *El Corte Inglés*;
- El renacimiento de lo *pijo* (una forma de recuperar sin complejos la identidad de clase alta);
- La hegemonía de la marcha nocturna con el nacimiento del estilo *makinero* a caballo de la proliferación de nuevos locales de diversión, de la explosión de la música electrónica de base comercial, y del surgimiento del mercado de las drogas sintéticas.

4.2.4. Okupas & Skinheads (1995-1999): Taxi, una de las últimas películas de Carlos Saura (1999), narra la vida de unos jóvenes *pelaos* (de pelados, rapados, sin cabello) *que,* manipulados por un taxista de extrema derecha, se dedican a apalizar a inmigrantes y homosexuales, hasta llegar al asesinato. Los *pelaos* son la versión hispánica de los naziskins, la apropiación del movimiento skinhead por parte de grupos neonazis, que desde fines de los 80 protagonizan distintos hechos dramáticos en la prensa española (vinculados de alguna manera al fenómeno de los ultras del fútbol), aunque no adquieren mayor protagonismo social hasta la segunda mitad de los 90, asociados a la creciente preocupación social ante la llegada de nuevas oleadas de inmigrantes.

Coinciden con la explosión de los *okupas*, versión hispánica de los squatters que habían surgido en el post-68 vinculado a la ocupación de casas desocupadas para destinarlas a la experimentación de nuevas formas de convivencia juvenil y alternativas contraculturales.

4.2.5. *Fiesteros & Alternativos (2000-2003)*: Con el cambio de milenio, las culturas juveniles se generalizan en España a partir de tres grandes tendencias:

- En primer lugar, renace un cierto activismo en la escena pública que se proyecta en el denominado movimiento antiglobalización y sus repercusiones culturales (de la música de Manu Chao a un cierto neohippismo en la moda).

- En segundo lugar, se generaliza la llamada "cultura de baile", simbolizada en el movimiento fiestero, en sus distintas vertientes (la más intelectualizada en torno a festivales como Sónar, publicaciones digitales y el estilo *techno*, la más lúdica en torno a los nuevos clubes y el estilo *fashion*, y la más clandestina en torno a las fiestas *rave*).

- En tercer lugar, la difusión de Internet abre espacio a la generación de culturas de habitación y comunidades virtuales que se expresan en estilos (como *ciberpunks* y *hackers*), aunque el uso del espacio virtual afecta a todos los grupos (de los skins a los okupas). El impacto de los elementos distintivos de las culturas juveniles se proyecta hacia otros grupos de edad (como los preadolescentes y los jóvenes adultos, también llamados *adulescentes*:). Pero lo más representativo del periodo es la difuminación de las fronteras entre las distintas subculturas, y los procesos de sincretismo.

En el caso español, Feixa y Porzio, analizan la evolución de estos grupos, desde la perspectiva de las culturas juveniles, enfocándose más en las épocas, cinco en total, y las influencias culturales que ejercieron algunas películas, que provocaron según ellos, la imitación de esas subculturas por la juventud hispana. La primera clasificación, que en gran manera responde a la hecha por Pérez, Costa y Tropea, se basa más en el desarrollo cronológico de las tribus urbanas como tal, en todo caso, nuestra intención se basa en intentar brindar un mapeo cronológico del aparecimiento de este fenómeno.

Así, brevemente es la descripción histórica que podemos realizar del fenómeno tribal contemporáneo para ubicarnos en contexto y antecedentes sobre estos. A continuación, en los capítulos siguientes, iniciaremos a explorar las tribus y grupos urbanos que se manifiestan más claramente en las calles de las urbes hondureñas. No aparecen todas, pero si están los más representativas y de mayor visibilidad.

CAPÍTULO 5: DISCURSO SOCIAL DEL NEOTRIBALISMO

Como en los capítulos anteriores, se toma como referencia principalmente, la investigación realizada por Pérez, Tropea y Costa, y este no será la excepción. Para describir a cada uno de los grupos que aquí abordamos, utilizaremos el modelo empleado por nuestros autores, según la lógica que describimos a continuación.

Se intentará averiguar el modo de existencia y las bases del discurso social de estos grupos. Este discurso se estructura y se hace manifiesto en tres instancias básicas, *el espacio, el tiempo y el aspecto de los actores*.

5.1. El Espacio o dimensión espacial

El espacio que se ocupa físicamente por estos grupos adquiere a sus ojos un valor muy importante, acompañándose muchas veces, de un sentimiento de *posesión o conquista* del territorio. Por contigüidad y a modo de metonimia, el territorio es expresión del grupo.

Este territorio está constituido por determinado número de pequeñas fracciones que constituyen las tribus. La organización tribal configura por tanto su existencia a través de la ocupación de un asentamiento espacial propio. En este territorio se marcarán unas reglas y normas de comportamiento que actuarán como delimitadores del acceso a la tribu y conferirán identidad a sus integrantes.

En la sociedad urbana los espacios o territorios donde se mueve el individuo son múltiples (casa, escuela, empresa, calle, transporte público,). La casa sería el primer lugar de agrupamiento pero fuera de la casa es donde el grupo-tribu se apropia de un nuevo territorio, parque, guarida o "zona propia". Si la identificación con el grupo se consolida la tribu se convertirá en su nueva familia, sustitutiva del hogar parental.

Tribu, es sobre todo aquella colectividad, que ocupa una sub división de una unidad mayor, que, por tanto, se sabe sujeto de una porción de espacio vital. Ellas reifican ese espacio vital en el espacio urbano, en el escenario de la ciudad. Cifran su afirmación en la conquista de ciertos territorios, en su señalización y en su defensa: como locales, plazas barrios, pero la posesión y uso del territorio, son categorías cuya significación se sitúa tanto a nivel físico como en el simbólico. Allí se mezcla lo afectivo y lo posesivo: en esencia es una expresión de autoafirmación. Esta doble dimensión, como se verá, es muchas veces más importante que la toma de posesión real de un territorio.

La constitución de micro grupos que puntean el territorio urbano se hace a partir del sentimiento de pertenencia. Aunque esto llevado a la realidad, resulta en un problema, porque los espacios urbanos ya están asignados y ocupados por la "sociedad dominante" aquella contra la que se quiere vivir o al margen de ella, como todo guerrero tribal.

Las tribus y grupos urbanos entonces intentan adaptarse al contexto urbano, recortándose diferentes espacios simbólicos, adecuados a las siguientes funciones expresivas:

5.1.1.De pertenencia: "los lugares especiales a los que pertenezco y que por eso me pertenecen." Son los puntos de referencia territorial para todos los miembros de una tribu, esos lugares especiales suscitan un especial sentimiento para los miembros de una tribu.

5.1.2. *De representación:* "los lugares en los que *me represento* (a mí mismo y a los demás)". Se trata del lugar donde se exhibe el aspecto más superficial, espectacular, de la identidad, a través de la máscara, fachada o apariencia. Aquel en el que se luce el uniforme, o atuendo más representativo y completo. La ostentación es entonces la finalidad de esos espacios. Estos espacios ostentados (salas de conciertos, plazas, graderías o sectores de estadios).

5.1.3 *De actuación*: "son los lugares en donde se persiguen los objetivos lúdicos y /o existenciales del grupo". Pueden coincidir estos espacios, parcialmente con los dos anteriores, ya que el territorio de la actuación puede ser también el de la representación de la identidad.

La conquista de un espacio público por parte de una tribu proporciona una gratificación mayor, ya que representa una declaración implícita de poderío y fuerza colectiva. Estos grupos subculturales aspiran a vivir en un ambiente específico, el cual se puede haber conquistado en formas diferentes, con implicaciones y consecuencias igualmente distintas. Por ejemplo, existen situaciones de derecho, en la que se ha obtenido el uso y/o la posesión de un espacio físico. También puede ser por tradición, por negociación, por asignación, o incluso forzada.

Sin embargo, la ocupación de un espacio por un grupo juvenil se da por una situación de hecho, es decir obtenida sin reivindicación, sencillamente por medio de la acción. Hay una apropiación de espacio, mediante una situación programática a menudo conflictiva y a veces incluso violenta. En el caso extremo de la reivindicación territorial, el del autoaislamiento, estaremos en presencia de fenómenos distintos pero contiguos al de tribus, el de los espacios de marginación, el gueto.

Cada tribu urbana posee unas zonas propias de estancia y movilidad exclusivas y por tanto prohibidas a otras tribus. Estos se convierten en espacios simbólicos y utópicos, La delimitación simbólica del territorio se realiza por medio de determinados símbolos que marcan el espacio tribal, son parte de los símbolos de existencia.

5.2. Dimensión Temporal

Adquiere una solemnidad especial cuando se vive en el grupo: se euforiza, se carga de *tensividad*, y de intensidad. El tiempo tribal se hace diferente al normal, adquiere relieve y profundidad. Estos dos aspectos, nos referimos a tiempo y espacio, produce un efecto de sentido global, funciona como una unidad donde es difícil percibir las influencias de uno y otro. Sin embargo, se tratarán por separado.

Una característica interesante de resaltar de estos grupos es que muestran un fundamental desprecio hacia el tiempo productivo y una especial propensión hacia una visión lúdica del uso de ese tiempo. Los principales momentos de identidad de la tribu, de su actuación y de su pertenencia, se pueden agrupar del siguiente modo: lo cotidiano, el fin de semana, y el evento.

5.2.1. *Lo cotidiano:* dentro de los grupos tribales, lo cotidiano es un tiempo muerto, sin valor, donde este solamente transcurre entre dos eventos significativo. La única forma de proyectar ese tiempo es la espera de un acontecimiento, bien sea un fin de semana o una ocasión especial. Por su situación especial en la sociedad productiva o fuera de ella, el tiempo transcurre sin nada relevante, por eso ellos necesitan imaginar algo significativo que supere el momento que genera ese anonimato.

5.2.2. *El fin de semana*: estos son tiempos de actuación y de masajes de grupo, verdaderos "safaris urbanos" en los que renovar de modo simbiótico y siempre en el orden de lo imaginario, la identidad individual y grupal. Es un tiempo que se vive intensamente, tiempo que pertenece y está dedicado al grupo y que comienza, casi siempre, en el punto de reunión del grupo. Es el tiempo que da sentido a lo cotidiano.

El tiempo cotidiano, implica relacionarse con los otros que no son de tu grupo, los que te miran mal, los que miran de reojo, es el tiempo de enfrentamientos en el hogar, casa y trabajo, con todos aquellos que no te *entienden*. Pero el tiempo del fin de semana, ese es especial porque se encuentra con sus pares, con sus iguales, es un paréntesis a su aburrida vida, en donde no hay interacción con los controles que tiene en su tiempo cotidiano.

5.2.3. *Lo excepcional:* son los eventos especiales, verdaderas ceremonias que se realizan de vez en cuando, son los momentos mágicos, el clímax dentro de estos grupos. Como por ejemplos fiestas, finales de futbol, todo según las características específicas del grupo. Es un tiempo de una explosión desenfrenada, del clímax tribal.

5.3. Los actores: máscaras y fachadas

La imagen que de alguna forma viste a nuestros peculiares actores sociales, encontraremos las mayores diferencias y las declinaciones más específicas, confirmando el hecho de que se puede hablar tranquilamente de ellos como de colectivos de imagen, en donde el estilo de la máscara o apariencia, representa un rasgo fundamental de la identidad, mucho más que un mero medio de expresión o funcionalidad instrumental.

La importancia de las formas de reconocimiento y de la apariencia, y los conflictos que esta pueden suscitar, estriba en el hecho de que las tribus son, por voluntad propia, zonas de separación de lo normal. Pertenecer a ellas es manifestar de una u otra forma, un rechazo por el modo de vida tradicional, una rebeldía estética. De este modo los atuendos, uniformes y apariencias, exhiben notoriamente la lejanía entre el grupo y la sociedad convencional.

5.3.1. El atuendo: es la vestimenta del grupo que rechaza y se opone a esa *buena apariencia,* representa un aspecto cualitativo de importancia capital y constituye un punto de observación esencial para la comprensión de una subcultura juvenil, incluyendo sus tendencias violentas. Este atuendo proporciona al joven, una identidad personal.

La expresión a través de la ropa constituye uno de los lenguajes juveniles de mayor importancia. La exaltación del narcisismo a través de la corporalidad constituye un elemento de vital importancia en el desarrollo del adolescente, el placer de ser mirado, del exhibirse ante la mirada de los demás. Surgen los "estilos alternativos" que serán aquellos que adoptarán los diferentes grupos urbanos siguiendo pautas diferentes a aquellas dictadas por la moda oficial.

Ir vestido como miembro de un determinado grupo, constituye una pieza clave en el proceso de identidad colectiva, gracias a la vestimenta que llevan se configura un territorio visual que establece puntos de referencia para la interrelación.

Este *disfraz*, parece seguir una trayectoria modelo: inicialmente, en las primeras fases de la identidad del grupo, se suele adoptar de forma más estricta, cuidando los detalles, sobre todos aquellos que identifican al grupo. En un segundo momento, conforme el sujeto se ha introducido en la vida de la subcultura, el aspecto que hay que exhibir se interpretara de forma más personal. Se concederán más licencias e informalidades.

5.3.2. *El principio de autenticidad:* este tiene que ver, con la forma de portar los distintivos de cada grupo, la esteticidad al portarlos y la originalidad de los mismos, no implica el hecho de portar un objeto o prenda cara, si no que más bien, es el grado de conocimiento sobre la misma, la que lo vuelve más original.

5.3.3. *Las marcas de existencia:* este se refiere al fenómeno de los grafitis, o antropológicamente señalado como el delirio señalador. Vienen a ser una suerte de uniforme externo, marca existencial de una identidad que se proyecta compulsivamente en el entorno. Se proyectan mensajes de afirmación, de existencia, a veces son de amenazas y advertencias a los *otros*.

Según Blanco, El grafiti es una huella que apela al intelecto de quien lo ve. Su lectura o visión desata procesos de decodificación complicados, que ponen en marcha las competencias personales, tan íntimas e imposibles de conocer a fondo. Como punto de partida, "podemos emplear ese término para designar las manifestaciones comunicativas efectuadas con objetos punzantes, marcadores, pigmentos o pintura en los muros, cristales, aparadores, aceras o cualquier otro soporte urbano (interior de vehículos, de locales, de edificios) o del mobiliario urbano, realizadas como una clara intención transgresora de las formas, métodos y espacios convencionales presentados o permitidos en esos lugares para expresar algo públicamente"[5].

Blanco, sostiene que en general, se suele hablar de dos grandes clases de grafiti: el *europeo* y el *hip hop*. El primero, básicamente textual, conoce su auge a partir del espaldarazo recibido como herramienta de protesta y manifestación durante mayo de 1968, en Francia. El segundo es un grafiti con un marcado carácter estético y artístico que nace a finales de esa misma década en Nueva York, como forma de expresión de algunas minorías de población inmigrante y que acaba por convertirse en eco de toda una ideología y una cultura que pretende difundir valores de solidaridad y tolerancia.

De las diferentes propuestas que se han empleado para analizar el acto-grafiti, destacaríamos la realizada por Armando Silva (1987). En su investigación acerca de la focalización visual y puesta en escena del grafiti, emplea una clasificación de los diferentes tipos de inscripciones de estas características que se pueden encontrar. Para ello propone siete valencias que sirven para calificar un grafiti:

---

[5] Blanco, Josep María, De cara a la pared. Grafiti alternativo y conciencia ciudadana. En texturas urbanas. P.124.

- Marginalidad,
- Anonimato,
- Espontaneidad,
- Escenicidad,
- Velocidad,
- Precariedad Y
- Fugacidad.

Ya definidos los parámetros teóricos y referenciales para explorar y describir el fenómeno tribal contemporáneo, a continuación, describiremos a las tribus y grupos urbanos que se manifiestan en un contexto específico, Honduras, en consonancia con lo ya establecido.

Capítulo 6: PANDILLAS JUVENILES

Para desarrollar este capítulo, se utilizará como referencia principal, el libro titulado, "Maras, Pandillas y Desviación Social" de la Editorial Dunken, que publiqué en la 34 Feria del Libro, de Buenos Aires Argentina, entre los meses de abril y mayo del 2008, y que ya se encuentra disponible en el país.

La idea de tratar a este grupo social contemporáneo responde a la necesidad de plasmar algunos hallazgos nuevos que no se encuentran en el libro en mención, y también, tiene la intencionalidad de someter al grupo de las maras y pandillas, a un análisis con el modelo que aquí estamos utilizando, para observarlos desde otra perspectiva diferente a la empleada en el libro ya descrito.

Puede existir oposición a considerar a estos grupos como tribus urbanas, sobre todo por su actual forma de accionar, que mas que una manifestación subcultural o cultural juvenil, es una manifestación contracultural más cercana al crimen organizado. Pero aunque existan algunas prácticas típicas de este tipo de delitos en las pandillas, estas nacieron como un estilo de vida propio de organizaciones tribales contemporáneas, por lo que decidimos incluirlas en esta selección.

6.1. Las Pandillas y su discurso social:

El fenómeno contra cultural de las maras y pandillas juveniles centroamericanas, pueden ser consideradas desde la teoría de adaptación social de Merton, como un grupo rebelde o contestatario, que formula un nuevo orden social, al manifestarse en contra al orden convencionalmente establecido, y que se desarrolla en forma paralela a esa sociedad o grupo social más grande, en este caso la sociedad centroamericana.[6]

En estos grupos, se puede distinguir perfectamente algunos aspectos claves que contribuyen a su formación, como por ejemplo, su imagen, que tiene que ver mucho con el espacio que ellos ocupan en el mundo; su afectividad, que dispensan en el espacio simbólico por excelencia, el barrio, a todas y todos miembros de su grupo básico celular, la clica; y la importancia mediática que recibieron, a veces porque a través de sus actuaciones, querían lograr la atención de los mass media, y otras tantas, porque era parte de la lucha emprendida por el estado, para *aniquilarlas*.

6.1.1. *La dimensión espacial de las pandillas*: obviamente, su espacio geográfico y simbólico por excelencia es sin lugar a dudas el barrio. Es ese espacio, tanto de pertenencia como de referencia de estos grupos que no puede ser profanado por sus enemigos, las pandillas rivales y por supuesto, el enemigo público número uno de ambas, la policía. La profanación a tal mandato del grupo tiene consecuencias funestas, en el caso de grupos rivales, generalmente se pena con la muerte, acompañada de una lenta agonía, producto de crueles castigos infringidos. En el caso de la policía, a raíz de ciertos cambios generados en su accionar, se evita un enfrentamiento, aunque a veces estos se producen, pero con menos frecuencia que antes.

Este espacio de geográfico de pertenencia, igualmente se convierte en espacio de representación, donde exhiben las

---

[6] Internacionalmente, este fenómeno juvenil se conoce como maras y pandillas centroamericanas, pero, a decir verdad, la región está conformada por siete países, afectando a cuatro de ellos, El Salvador, Guatemala, Honduras y en mucha menor escala, Nicaragua. En Belice, Costa Rica y Panamá, no existe esta problemática, como tal.

características propias que hacen del grupo, especial. En este espacio representativo los hommies están plenamente identificados con su causa. Siendo los referentes para el resto de los habitantes que están dentro de su territorio, especialmente aquellos niños y jóvenes, que ven en ellos sus *modelos* a seguir.

Estos grupos suelen caracterizarse no sólo por la alta dosis de violencia que ejercen entre ellos mismos y contra personas que no pertenecen al grupo, sino también por la complejidad de su estructura grupal y el rápido crecimiento que tienen. Las *Maras y Pandillas* son grupos que viven en una especie de hermandad, que observa normas propias, siguen patrones de conducta definidas y respetan de reglas y códigos, todo ello unido a un lema común: *se vive y se muere por y para el barrio,* entre otros principios ideológicos que ellos adhieren.

6.1.2. *La dimensión temporal:* estos grupos que surgieron claramente como tribus urbanas, y que ahora se han convertido como un ente más del crimen organizado, por sus características propias de actuación, en cuanto a la utilización del tiempo, podemos decir que lo *cotidiano* transcurre en sus barrios, pero con una duración mucho menor en comparación con las otras tribus analizadas, sobre todo por la forma en que estos grupos se desenvuelven. Este espacio de tiempo cotidiano, generalmente lo pasan escondidos en las casas destinadas para ellos, para evitar ser localizados por grupos rivales y autoridades estatales. Su presencia prácticamente es imperceptible en esos momentos, sobre todo como resultado de las medidas adoptadas por el estado, para lograr su control y erradicación.

En lo referente a la utilización del espacio temporal llamado *fin de semana*, este podría convertirse en tiempo *cotidiano*, a medida que ellos no tengan nada planificado que llevar a cabo; más que sus actividades *normalmente establecidas*, que van desde la compra, venta y distribución de drogas, el robo a mano armada, la extorsión, con el mal llamado impuesto de guerra. Volviendo muy especial a esa cotidianeidad.

Pero este tiempo, el de *fin de semana*, que no necesariamente se desarrolla en ese lapso, puede llegar a convertirse en *espacios excepcionales de actuación*, sobre todo cuando en ese periodo tengan planeado realizar alguna *pegada*, hecho que se convierten en los eventos especiales de estos grupos, y que a decir verdad, son mucho más frecuentes, a veces casi a diario, que en las otras tribus estudiadas. En esta categoría de excepcionalidad, puede subsumirse a las *meeting*, y sus diferentes niveles que se dan.

6.1.3. *Los actores en las pandillas*: en cuanto al análisis de los actores de las maras y pandillas juveniles centroamericanas y sus máscaras, podemos manifestar lo siguiente:

- *El atuendo*: este aspecto referido a la vestimenta de los pandilleros, que refleja su identidad social, el disfraz que muestran a la sociedad, es muy difícil describirlo, sobre todo por las mutaciones que sufrieron estos grupos, precisamente para cambiar su identidad social, identidad que era la *evidencia o indicio racional* que el estado buscaba para enjuiciarlos y acusarlos de asociación ilícita, en su lucha para controlar este fenómeno. Aun así, para poder llevar a cabo el análisis en mención, recurriremos a describir la vestimenta tradicional de las maras y pandillas, antes de que estas cambiaran sus hábitos, con el propósito de dificultar su identificación y de paso complicar al estado en su lucha por su erradicación.

La vestimenta de los pandilleros consistía en la utilización de pantalones de numeración mucho más grande, para lograr que luciera muy ancho, igualmente, el cinturón, faja o cincho, era de mayor talla, para lograr el efecto de que el exceso de esta prenda caiga al frente como si fuera un cordón. Además, usan tenis, calzado deportivo o zapatillas como les dicen en Argentina, americanas de marca muy reconocidas y caras, y en el caso de los pandilleros de la 18, calcetas blancas y muy limpias a la altura de la rodilla. Son también de tallas más grandes, sus camisas. Esta forma de vestir tan suigeneris, es lo que se llama estilo *cholo*, que se ha convertido en una verdadera industria de la ropa en Estados Unidos de América.

- *La autenticidad de los Pandilleros*: el principio de autenticidad de los pandilleros está en consonancia con sus formas de comunicación por ellos utilizadas. Ellos, los mareros han adoptado algunos modos característicos y propios de lenguaje: *el* verbal, que es una adaptación de palabras en español e inglés, para que sus mensajes y conversaciones no sean entendidos por personas ajenas al grupo; el lenguaje *gráfico*, con sus tres manifestaciones, el *tatuaje*, la *wila* y el *grafiti*; y la última forma de comunicación por ellos empleada, es la de *señas y formas* que generalmente es utilizada para *rifar el barrio*. Estos códigos propios de los pandilleros dan un aire de originalidad a sus miembros que los practican.

A estas manifestaciones de autenticidad pandilleril, habrá que agregar la forma de caminar tan distintivo que les es muy propia, el caminar *tumbao*[7], como ellos lo llaman, más su forma de mirar a otro ser, por sobre los hombros, cual si este fuese una nimiedad, y también algunos movimientos con la cabeza en forma de saludo, como afirmación de algo.

- *Las marcas de existencia*: este aspecto relacionado con la máscara de las maras y pandillas fue uno de los más desarrollados y utilizados por ellos, porque igualmente era una de sus formas favoritas de enviar sus mensajes de existencia y de afirmación grupal.

El *grafiti o placazo* como marcas de existencia, que pintan en las paredes de casas y muros, son una especie de diario de la pandilla, en ellos se anotan las consignas a seguir y sirven, además, para delimitar las zonas que se encuentran bajo su control. Esta forma de manifestación de existencia se utiliza para mantener informadas a las clicas amigas y advertir a los grupos rivales, de su presencia y dominio, así como también para desafiarlos o declararles la guerra.

Dentro de los grafitis, va incluida una lista de nombres, en los que se encuentran el del jefe de la clica, el de la persona que pintó el "*placazo*" y el de

---

[7] El caminado *tumbao*, es un estilo de desplazamiento como dando un saltito cada vez que se da un paso, similar a la forma cuando se tiene una dolencia en alguna extremidad inferior.

los miembros de la clica, es a lo que ellos llaman el *'roster'*.

Los tags de las pandillas, llamados por ellos, *'placazos,'* suelen pintar entre otras figuras, edificios, que representan la calle, el principal escenario de su vida, y aspiración permanente de extensión territorial, el sitio permanente de reunión, el espacio geográfico y simbólico socializador.

Dentro de su lenguaje grafico de afirmación, utilizan también su forma codificada de escritura de formas y símbolos, llamado la *'wila'*. Este lenguaje es su abecedario y reemplaza el convencional, letra por letra. Es secreto, y al parecer lo renuevan periódicamente, con el objeto de que no sea descifrado o si ello sucede, que sea en un tiempo en que se ha convertido en obsoleto y fuera de uso.

6.2. La construcción social de las pandillas

Como ya mencionamos con anterioridad, cuando hablamos de construcción social, en este caso de las maras y pandillas juveniles, hacemos referencia a todos aquellos argumentos que la sociedad define u opina sobre estas y sus características que la hacen especial, como por ejemplo los diferentes puntos de vista sobre estos grupos. La opinión que generan estos en los medios de comunicación, así como las noticias que estos medios generan de ellos, es decir la realimentación mediática.

Entran en estas consideraciones de constructo social, la opinión de especialistas, sobre el tema y del ciudadano común y corriente al respecto. Y todas aquellas publicaciones que pueden orientar, o desorientar, dependiendo de la seriedad del abordaje que exista sobre el mismo.

Igualmente, habrá de tomar muy en cuenta, el discurso social de estas pandillas, que ya analizamos en el apartado anterior, que es parte de la construcción social de estos grupos, porque lo que ellas comunican en tal discurso, abonara también para ese constructo social. Todos estos aspectos, son elementos que de una u otra forma logran la dispersión y difusión del fenómeno llamado tribus urbanas, aportando elementos de identidad y modelos de socialidad.

En el presente apartado, se analiza entonces el proceso de construcción de la realidad social de un fenómeno ya no tan juvenil centroamericano, específicamente, el caso hondureño, llamado maras y pandillas. Iniciaremos por estudiar entonces, de donde surge ese nombre, el de maras y pandillas, como elemento primordial de la identidad social grupal; se observará si estos jóvenes se identifican con lo que representan esos nombres.

Luego, se examina la territorialidad de la cultura de las maras y pandillas para delimitarla socialmente. Posteriormente, se analizan también los valores filosóficos e ideológicos, de estos grupos. Todo esto, con el propósito de conocer la construcción social de la realidad de las maras y pandillas. Entramos entonces en materia.

La adopción de la denominación *"Maras"*, según sus propios miembros, se debe a que los integrantes de la pandilla actúan conjuntamente y dejan la tierra rasada en las zonas donde operan y siembran el terror entre los habitantes de los barrios donde se han posicionado y obligan a los vecinos a someterse a sus reglas de juego o a sufrir por la pérdida de bienes y vidas. Es un actuar que ellos consideran analógico a las hormigas *"marabuntas"*, y de allí la denominación genérica de estos grupos. Bajo tal uso, el término toma una dimensión significativa opuesta a la que históricamente había tenido en la lengua popular centroamericana, en estos países, bajo la voz "*Mara*", se reconocía al amigo, al alero, al volante, al compinche, al pana, al compadre.

En cuanto a los nombres de los grupos de Maras y Pandillas más reconocidos en la República de Honduras, al parecer la MS XIII, usa el número 13, porque el mismo se corresponde con treceava letra del abecedario, letra inicial de las palabras "*marihuana*" y "*mexicano*", además, en la jerga pandilleril la "*M*" es usada para referir a "*la vida loca*", al placer que siente el individuo cuando está bajo los efectos de las drogas.

Aunque para otros MS 13 significa "*Mara Salvatrucha*", expresión esta última que es producto de la contracción de las voces "El Salvador", país de donde provenían la mayoría de sus miembros y "Trucha" que en sentido figurado y familiar significa persona sagaz y astuta, vivo, inteligente, avispado, poco escrupulosa en su proceder.

La Pandilla 18, debe su nombre a en la calle 18 (18 street) de la Ciudad de Los Ángeles, California, calle que indicaba el ingreso a los "*ghetos*" latinos de esa ciudad.

En lo que respecta a su *identidad social* en cuanto a estos nombres, podemos decir que aunque sociológicamente hablando, ambas organizaciones, la 13 y la 18, son pandillas juveniles, ellas tienen su propia identidad grupal al respecto. Por ejemplo, para los mareros propiamente hablando, es decir los de la ms13, se identifican con ese término, el de mareros; para ellos es un insulto que se les llame pandilleros. En el caso de los pandilleros del barrio 18, es insultante igualmente para ellos que se les llame como mareros. Todas estas percepciones responden a la identidad que, como tal, se identifican los miembros de estas organizaciones.

Referente a la *territorialidad*, las Maras y pandillas, son grupos que viven en una especie de hermandad que observa normas propias, en el ámbito del barrio. Entendiendo por esto, a aquel espacio geográfico que ellos reclaman como propio, que a veces corresponde a un pequeño sector geográfico de un barrio o colonia determinada y otras veces a varios barrios e inclusive grandes espacios geográficos, de una ciudad. Es el espacio de socialización y convivencia por excelencia, es su máximo referente simbólico.

En cuanto a sus *principios filosóficos e ideológicos*, estos se ven representados en los siguientes *axiomas* pandilleriles:

- *Por mi madre vivo, por mi Barrio muero;* plasma la claridad del surgimiento de la vida, pero que su fin gira ahora entorno del barrio, es su única inspiración y por el que se está dispuesto a ofrendar el bien más sagrado, la vida.
- *Por mi Barrio vivo, por mi Barrio mato;* el barrio representa su espacio simbólico sagrado, su lugar antropológico, su todo, tanto así que están dispuestos a morir por él, o también a matar por él. El barrio es como ellos lo llaman "su familia".

- *A toda madre o un desmadre;* con esta expresión dan a entender que su vida la viven intensamente, a toda velocidad, en el día a día, como si fuese el último. Y un *desmadre*, es un choque, un fiasco, la perdida de la vida.
- *Nacimos para ser perseguidos;* ellos tienen la certeza que, como consecuencia de sus acciones, deberán de huir siempre de toda autoridad que no sea la propia.

- *Perdón madre mía por mi vida loca;* es una expresión de la conciencia de la propia vida, de una vida marcada por el desenfreno, lo cual es motivo para pedir perdón a su madre y a la Virgen de Guadalupe, su protectora, por el estilo de vida que llevan.

- *Donde vayas, llevaras la pandilla contigo;* este principio ha sido una de las bases de propagación del fenómeno. Cada pandillero lleva la semilla para ser plantada allí donde el destino lo lleve. La pandilla es él, su propio ser.

En cuanto a las pandillas y su negativa percepción, podemos decir que solo al mencionar el nombre de maras y pandillas, se desata en torno a estas, toda una percepción negativa y de rechazo a su alrededor. Debido, por una parte, al discurso social que estas trasmiten impregnado de violencia y por otro, se debe también a la imagen cargada y deformada o del estereotipo de la imagen esquematizada tanto por los medios de comunicación, y el estado a través de sus instituciones, en especial la policía. Obviamente, esto como consecuencia por los actos propios de ellas, nos referimos entonces, a la construcción social de las pandillas.

CAPÍTULO 7: LAS BARRAS BRAVAS

Desde hace algún tiempo, se observa en torno al llamado deporte de las masas, el futbol, una serie de hechos violentos que, desgraciadamente han puesto de luto a muchas familias y causados daños al patrimonio público y privado, donde se desarrollan estos eventos.

Es muy común ver en los telenoticieros internacionales, todo tipo de reportes en torno a este tema, con saldos lamentables. Existen muchos ejemplos alrededor del mundo de estas agrupaciones. En lo personal, pudimos conocer, de cerca, el fenómeno de las barras bravas argentinas, que, a simple vista, se podría decir que son grupos de fanáticos violentos que *hinchan* (como dirían ellos) por un club determinado, y se entregan con fanatismo y frenesí a sus huestes y colores que los representan.

Pero realmente, al hacer un análisis y estudio más detallado sobre estos grupos, se detecta que no es así, no son grupos de fanáticos, no son hinchas de un equipo determinado, en el sentido que esta palabra encierra. En realidad, son agrupaciones de personas, muy bien organizadas, que utilizan la estafa, la coacción, el chantaje, la violencia contra los directivos de algunos clubes a los que supuestamente apoyan, jugadores y contra los fanáticos propiamente dichos, con el propósito de obtener beneficios pecuniarios a su favor.

Bueno, desde hace algún tiempo también, se ha podido apreciar con asombro y con preocupación, algunos titulares en los periódicos nacionales, que hacen alusión a personas heridas, golpeadas o fallecidas luego de la finalización de algunos partidos de futbol, sobre todo los denominados *clásicos*, que levantan y exacerban los ánimos de la fanaticada catracha, que de una u otra forma, estos partidos de futbol, sirven como válvula de escape, para prescindir de algunas emotividades de personas, que por X o Y razón se encuentran agobiadas, por todo el coctel de problemas que envuelven a la sociedad hondureña.

Algo que sucede también, luego de esos encuentros deportivos, es que estos grupos se desplazan por las calles de las urbes hondureñas, sobre todo, las dos grandes ciudades del país, aunque no exclusivas de ellas, porque igualmente este fenómeno llego a ciudades pequeñas, inclusive hasta en algunas aldeas. Estos grupos de fanáticos, que nos imaginamos, desbordados por la euforia del triunfo, o dolidos por la derrota del equipo de sus amores, se dedican a buscar a miembros de barras rivales, con los resultados que ya sabemos.

Y en ese paso por algunos barrios y colonias, van dejando tras de sí, pintados en grafiti, los colores y signos distintivos que denotan sus marcas de existencia y su filiación de pertenencia, e igualmente convierten en realidad, amenazas a otros jóvenes, que son identificados por estos como enemigos, por el simple hecho de apoyar a un club distinto o aunque parezca increíble, aun perteneciendo al mismo club, se vuelven rivales, por ser parte de otra facción, no afín a su barra.

Estas conductas imitadas por jóvenes, en un buen porcentaje de clase media, que es muy preocupante, porque es sabido que es esta clase, la que sostiene a cualquier nación, y porque se supone, que viene de hogares muy bien estructurados y establecidos.

El fenómeno de la imitación fue tratado entre otros, por Gabriel Tardé, quien abordo a nivel teórico el tema de la imitación desde la perspectiva sociológica, para él la sociedad *"no podría vivir, ni dar un paso adelante, ni modificarse, sin ese tesoro de rutina, de imitación, de espíritu de rebaño insondable, acrecentado incesantemente por las generaciones sucesivas"*.

Para Tardé la imitación es el fenómeno social por excelencia, y considera que el grupo social es *"una colección de seres que o están en tren de imitarse entre sí o que, sin imitarse actualmente, se asemejan y sus rasgos comunes son copias antiguas de un mismo modelo."*

Como lo dice Tardé, la imitación tiene mucho que ver para el desarrollo de cualquier sociedad, pero no todo lo que se imita es funcional, y un ejemplo de esto, es la imitación de estas barras bravas que se dan en países de Sudamérica y Europa, y que desafortunadamente, al parecer se pusieron de *moda* en nuestro país. Esta problemática, hace que jóvenes hondureños, cobijados bajo la bandera de sus equipos, traten de satisfacer algunas necesidades de identidad, que serán más difíciles de satisfacer por las vías convencionales. Por lo que creemos que estamos a tiempo de prevenir, aun, con todo lo que la palabra encierra, la aparición como tal, de las barras bravas en nuestro país, porque, aunque ya generan violencia, aun no han alcanzado ese status como tal, aunque los indicios nos muestran que el fenómeno está ya muy arraigado.

7.1. Antecedentes

El antecedente de esta tribu es el fenómeno conocido como *Hooligans,* que en Inglaterra significa literalmente *Gamberros.* Surge en las ciudades industriales inglesas de Liverpool y Brighton, a mediados de los 70´s, como ya se mencionó en el apartado donde se habla de los antecedentes de estos grupos. Pero es en los años 80's que este fenómeno se difunde masivamente y hace su aparición en los estadios de futbol europeos.

Su estereotipo representa hostilidad y violencia, y generalmente andan enfundados en los colores de sus equipos que apoyan. Es de hacer notar que en estos grupos, al igual que en los rockeros, se ven involucrados en sus miembros a personas de diferentes estratos sociales y variadas profesiones, así como se puede encontrar a adolescentes colegiales, hay también escolares, estudiantes universitarios, y profesionales; desde indigentes y desempleados, hasta ejecutivos; desde niños de diez años, hasta no tan jóvenes que sobrepasan los cincuentas, por lo que su caracterización resulta muy compleja.

Su nombre inglés, hooligans, significa literalmente como ya se mencionó "vándalos, gamberros", por lo que uno de sus principios o prácticas de identidad social, son aquellas acciones que tienden mucho precisamente a la realización de actos vandálicos, de desorden, y destrucción. La violencia está presente en su accionar.

De allí se propagaron a Europa continental, en el caso específico de Italia, donde los llaman Tifos o Tifosis. En España, a estos jóvenes radicales ligados al futbol se les conoce como *Ultras,* que aparecieron en escena en 1985.

Aunque luego del mundial de futbol de España 82, se empezaron a manifestar ya en los estadios españoles. Según Bernardo Bayona Aznar "muchas veces el fútbol sirve para expresar el orgullo de poblaciones pequeñas cuyo nombre se conoce gracias al equipo, catalizar la rivalidad ancestral entre localidades vecinas, compensar la frustración de ciudades grandes que no son capitales de provincia y explicitar identidades culturales o políticas reprimidas"[8] al parecer, en esos grandes países europeos, será la única vía para que algunas pequeñas comunidades, o algunas otras más grandes, a la sombra de mega metrópolis, puedan aparecer en el mapa. Volviéndose el futbol entonces en ese catalizador de identidad local y nacional, que no se obtienen por otras vías. Al parecer el futbol se ha convertido en el deporte mágico por antonomasia.

Bayona Aznar, dice que el fútbol es un referente universal y, en tiempos de crisis de identidades como el actual, un poderoso catalizador de identidades colectivas, que ofrece al público, y a la sociedad en general, soporte expresivo para simbolizar diferentes facetas (local, regional, nacional...) de su identidad.

Los ultras, menciona Bayona Aznar, sólo tienen existencia en un espacio y un tiempo muy concreto y reducido: el que corresponde a un partido de fútbol y a sus momentos previos y posteriores inmediatos. En la vida no se comportan permanentemente como ultras, no están siempre actuando. Hay unos tiempos y unos lugares para hacerlo, de acuerdo a pautas impensables fuera de ese marco situacional. Para el grupo que juega fuera de casa, el tiempo del combate se enmarca entre el viaje de ida y el de regreso.

Según Teresa Adán, este fenómeno en España se manifiesta "desde principios de los años Ochenta, en los fondos de los estadios españoles se reproduce miméticamente el modo de ser y hacer de los *"ultra"* italianos, que se caracterizan por producir en los fondos concordancia de medios múltiples (canciones, coreografías o "tifos", movimientos de masa, etc.), es decir, rituales que incluyen también violencia. De hecho, la

---

[8] Bayona Aznar, Bernardo. Rituales de los ultras del futbol. *Política y Sociedad,* 2000, Madrid. p. 155.

predisposición a la violencia es uno de los referentes de los grupos ultras. La violencia ultra adopta, casi siempre, una forma simbólica."[9]

Según Taylor, citado por Adán, "El fútbol entró en crisis en los años Cincuenta, debido a la creciente internacionalización, que suprimió los partidos entre comunidades vecinas, lo que dio lugar a una fractura entre el mundo del fútbol y los hinchas; y a la conversión de los clubes en sociedades anónimas y la profesionalización de sus jugadores, que comportaba criterios empresariales y la necesidad de mayores ingresos, lo que se tradujo en la modificación de la estructura física y social del estadio"[10]

Según Adán, "La subcultura ultra se desarrolla en Italia tras la efervescencia de los acontecimientos de 1968, e inspirándose en las prácticas de las formaciones políticas extremistas. A partir de los años Setenta, se asiste a un proceso de juvenilización del público en los estadios de Europa. Muchos de estos jóvenes ven los partidos de fútbol desde los fondos de los estadios, reconociéndose en dos modelos de afición juvenil: el modelo *hooligan* inglés (Alemania, Bélgica, Grecia, la Europa del Este) y el modelo *ultra* italiano (España, Francia, Portugal). Ambos modelos difieren en el aspecto organizativo y espectacular, pero coinciden en ser agentes de socialización para una buena parte de la juventud europea"[11]. Al parecer, en las gradas, el modelo inglés se caracteriza por una serie de actividades que exaltan el sentimiento grupal (coros, bufandeos, etc.) pero que no implican un especial compromiso más allá del partido.

---

[9] Adán, Teresa. Ultras, cultura de futbol, en Revista de estudios de juventud. No. 64. De las tribus urbanas a las culturas juveniles. P. 86.

[11] ibídem. P.87.

Por el contrario, el grupo ultra italiano es históricamente interclasista, y encuentra su nexo de unión en un común acercamiento cultural de tipo "militante", mediado tanto por el *stile maschile* que impregna el mundo del fútbol, como por el conflicto político que marca su nacimiento y que se transforma a menudo en una fuerte propensión al enfrentamiento callejero.

El grupo ultra utiliza el acto agresivo como una de las opciones de grupo (según la visión política de la "violencia como instrumento") y tiende a dotarse de estructuras organizativas que se refieren tanto a las actividades internas (preparación de coreografías, pancartas, banderas, etc.) como a las externas (inscripción de los socios, producción y venta de material, edición del *fanzine* o revistas temáticas, relaciones con el club y las autoridades), actividades que implican económica y laboralmente a sus miembros.

En cuanto a estos grupos y su aparición en Latinoamérica, es innegable el movimiento que se produjo en varios países sudamericanos. En el caso argentino, es donde mejor se puede observar el fenómeno de las barras bravas, desde su nacimiento hasta su evolución actual. Al respecto, Mariana Conde[12], realizó un trabajo de investigación llamado, *"La vieja nueva idea de la nación y sus hinchas"* en el que analiza precisamente, el papel del futbol en su rol como agente masificador del sentido de nación en los fanáticos de este deporte en Argentina.

Conde analiza la evolución histórica del futbol, y sus hinchas, en cuatro periodos, en los que hace referencia a la presencia de tres autores que se manifiestan en torno al simbolismo del futbol, en lo que ella llama, etapa de *"Inestabilidades semánticas"*, (primera etapa) "El material

---

[12] Docente de la Universidad de Buenos aires, Máster en Sociología de la Cultura, ha realizado varios trabajos referentes a las "Barras Bravas Argentinas"

relevado entre 1924 y 1957 permite dar cuenta de ciertas claves en torno a tres actores principales del drama futbolístico: los que disputan partidos, los que asisten a presenciarlos y los que se encargan de controlarlos. Lo que hoy llamamos cotidianamente: los "jugadores", los "hinchas" y la "policía""[13].Actores que hoy en día, su vigencia está más que demostrada.

Conde dice que, en relación a los que asisten a los estadios, en esta primera etapa las variantes son profusas. Pueden ser llamados aficionados, público, parciales, multitud, fanáticos, simpatizantes, muchedumbre, particulares, masa del pueblo. Estos actores son los que llegan al estadio y sus alrededores a darle vida, ambiente y sabor al encuentro deportivo, a demostrar su sentimiento de pertenecía a los colores sagrados de su equipo.

A idolatrar a los responsables de su alegría, de su satisfacción, de su delirio, de ese estado emocional que hace que todo cambie y se vuelva más atractivo. E igualmente esa pasión se vuelve en contra cuando los objetivos perseguidos no son satisfechos, desatando acciones virulentas que a menudo provocan desmanes.

El segundo actor, y que definitivamente es el más importante de este trinomio, es el jugador, el crack. Los jugadores son las estrellas que realizan el espectáculo, e inspiran a la fanaticada a seguir su ejemplo, el modelo a seguir, (que no siempre es bueno), aquel que se desenvuelve en el campo de batalla rectangular verde, para *defender* el orgullo e identidad de una colectividad, que confió a ellos el honor de su grupo. El jugador representa también, un modelo de ascenso

---

[13] La vieja nueva idea de nación y sus hinchas. Documento académico. P. 4. 2002.

social que hace llegar a estadíos sociales casi imposibles de alcanzar por otros medios, especialmente a gente que proviene de zonas poco urbanizadas.

El tercer actor, es aquel que en teoría no está identificado con ninguno de los dos anteriores por su supuesta *imparcialidad.* Nos referimos a la policía, los celadores del orden, los que ponen el límite para prevenir los desmanes de una eufórica fanaticada, y a veces evitan también los excesos de algunos jugadores, y que causan que los fanáticos, a veces sigan su *ejemplo* desde las graderías.

La policía es el "enemigo en común" de las barras, por su papel de control que realiza. De allí que esta sea la única representante del monopolio de la fuerza pública, e igualmente cierto es, que a raíz de algunos excesos de esa fuerza legítimamente autorizada, y haciendo uso de violencia desproporcionada, ha demostrado que no todo el tiempo en los estadios, es el mecanismo moderador de esa violencia, más bien termina generándola, a veces.

Cuando sostenemos y ponemos en duda, su *supuesta imparcialidad,* responde al hecho innegable que algunos de sus miembros se identifican sentimentalmente con algún club en particular, y esto influye al momento de intervenir en algún acto que requiera de control o disuasión policial, concediendo algunas prerrogativas con fanáticos afines al club que comparten sentimientos, o por otro lado, ensañándose con aficionados del club rival

El segundo periodo, Conde lo denomina como *"de la alegre fiesta del deporte, a la alegre fiesta del pueblo",* periodo caracterizado, según ella, porque el futbol se convirtió en un espectáculo "del pueblo y para el pueblo". El futbol era entendido como espectáculo que debía ser barato, y que llenara de felicidad al público los días domingos por la tarde, porque igualmente sus protagonistas habían salido del pueblo.

Eso conllevo a que esa época fuera concebida desde una doble perspectiva, de un "Binomio: esquemáticamente, resultaba de definir quién era un 'hincha' y quién no lo era. En el polo positivo, se trataba de un 'ingenuo espectador que va con el propósito simple y puro de pasar una tarde de sana emoción, realizando para ello mil sacrificios'; El 'hincha que lleva a su amor al fútbol y a su divisa en la sangre'… En el negativo, en cambio, eran 'otros que se dicen hinchas, pero en realidad son peligrosos fanáticos que amalgaman esa condición con la de delincuentes y que se muestran despiadados cuando van al fútbol"[14]. En ese periodo, se decía que estos inadaptados sociales, debían de ser extirpados cual tumor maligno. Es en esta época, que el futbol se entiende ya como un agente con funciones similares al circo romano, que mantenía ocupado y contento al pueblo, aunque en algunas veces, no tanto.

En el relevamiento este apelativo de *'hincha'* nos dice Conde, que fue encontrado por primera vez entrecomillado (lo que marca la distancia del uso habitual) y otra en una transcripción de los dichos de un policía (es decir, implementado por el uso oral), ambas en el diario argentino *Crítica* (3/7/44). Desde allí y en lo sucesivo, el término en mención se hizo común su utilización, para identificar a aquel aficionado *Extremista, el fundamentalista* del futbol.

La tercera etapa de la evolución del futbol en Argentina, Conde la llama, *"El inicio de la descomposición"* a partir de 1983, que viene aparejada con la crisis generalizada Argentina,

---

[14] Ibídem. Pp. 5,6.

que se encontraba gobernada por la dictadura militar cuestionada por sus políticas de represión, sumado a el desencanto de la Guerra de las Malvinas, y la crisis económica imperante. Toda esta frustración colectiva se empezó a ver reflejada unos años antes, en los estadios de futbol, durante la realización del mundial de futbol del 78, los aficionados argentinos utilizaron como una forma de manifestación en contra de ese régimen en mención, expresado a través de canticos y el lanzamiento de papelillos al aire, que estaban prohibido realizarse, pero el pueblo siempre se las ingenió para llevarlo a cabo.

Es en esta época, en donde el deporte pasión de multitudes, empezó a transformarse en un evento que generaba violencia, y desde allí, los periódicos argentinos los bautizan como *barras bravas*. El tópico de la barbarie, en relación al polo negativo, se repite frecuentemente en esta época. Junto a él, a estos grupos se empieza a llamarles 'vándalos', 'criminales', 'patotas' (pandillas) son adjetivos que acompañan su puesta en escena. Esto supuso, lo que se empezó a llamar 'barbarización' por su peso específico en la narración, de allí en adelante no dejo de llamárseles como "barras bravas del futbol".

Barras bravas que generaban una práctica *"violenta y mafiosa"*[15]. Violenta porque produce muertes, enfrentamientos con los hinchas y con la policía, causando destrozos. Mafiosa, porque se denota una vinculación con la dirigencia de los clubes. Son utilizados por la dirigencia, como aliados por su influencia, desde una perspectiva política para buscar su elección o reelección, cuando está ya se había conseguido. Así como para amenazar a dirigentes disidentes y opositores del club.

---

[15]Ibídem. Pp. 6, 7.

El cuarto periodo de esta sistematización del futbol argentino, Conde lo llama *"El futbol se muere, pero queda el hincha"*, en este periodo, ella manifiesta que "El cambio sustancial se va a producir sobre el tópico de la pasión. Encontrado en el corpus, entre 1924 y 1989, tratado en su acepción negativa, progresivamente va a convertirse en la marca de distinción de los '90."[16] Inicialmente, la presencia del hincha como tal, se miraba en forma negativa por todo lo que este producía, pero en el nuevo periodo, el hincha es el sobreviviente, es el único que disfruta del futbol, la pasión es la única marca que los distingue. Cuando el futbol, los jugadores, dirigentes, árbitros y policías, están en crisis, todo el sistema está enfermo, pero el hincha está allí, incólume, como el único *actor auténtico*.

En este periodo, ya no solamente los jugadores están demostrando quienes son los mejores, a veces alentados por los medios de comunicación, las barras bravas quieren demostrar cuál de ellos es la mejor, la más vistosa, la más llamativa, la más original, ellos quieren demostrar quienes son los *capos* de las barras. Ellos también quieren llevarse el protagonismo de los estadios. Por lo que destinan tiempo y recursos para su preparación y demostración de fuerzas.

Creemos que esta sistematización realizada por Conde en Argentina, y otros autores, en Europa, nos sirve a manera de ilustración de los antecedentes del fenómeno de las barras bravas y su evolución a través de los tiempos en esas latitudes, para comprender mejor este fenómeno, porque es innegable la imitación de tales manifestaciones por algunos agentes en el futbol nacional-

---

[16] Ibídem. P. 9.

7.2. Anomia y futbol

Como igualmente mencionamos antes, en Argentina pudimos ver de cerca el fenómeno de las barras bravas, tuvimos la oportunidad de mezclarnos con ellos, en el estadio, confundiéndonos entre los fanáticos más radicales de algunos de los equipos más populares de ese país sudamericano, percibimos en medio de esta gente, la pasión, la emoción, el sentimiento por el equipo, pero también, observamos los negocios ilícitos que se dan en su entorno al margen de la ley, y los abusos producto de las inobservancias a la normativa.

En Tegucigalpa y San Pedro Sula, decidimos realizar el mismo ejercicio antropológico social, mezclándonos de igual manera entre los hinchas de las barras más populares, y radicales tanto en el Estadio Nacional de Tegucigalpa, y los sampedranos, Olímpico y Morazán.

En las afueras de los estadios, se percibe una mezcla de sensaciones encontradas, que van desde la alegría y la euforia por ver al equipo de sus amores, de parte de los miembros de barras bravas; pero entre el aficionado común y corriente, y el transeúnte que se aventuró a circular por esas zonas, se denotaba en sus caras la sensación de inseguridad producida por ver a miles de jóvenes con vestimentas estrafalarias, que van desde los colores afines a los de su club, hasta el uso de gorros, pasamontañas, pañuelos en sus cabezas o caras, gafas oscuras, aunque sea de noche, pelucas, largas y desaliñadas cabelleras, hacen que en el ambiente se sienta, porque también nosotros lo percibimos, una percepción de inseguridad manifiesta.

Jóvenes introduciéndose al interior de las instalaciones deportivas, por sobre los portones, o rompiendo los mismos, trepando las torres de tendido eléctrico, escalando las murallas perimetrales, con todo y el peligro que estas acciones representan; se observan entonces a algunos jóvenes capaces de todo, con el único objetivo de ver a su equipo.

Pudimos observar ya en el interior de los estadios, una muy buena organización grupal, había diferentes actividades que hacer, y ellos tenían designados ya quienes lo realizarían, como el hecho de poner pancartas, tocar instrumentos musicales, lanzar papelitos y petardos, sorprendiéndonos la cara de felicidad y satisfacción de los jóvenes, hombres y mujeres que realizaban estas actividades. Había tanto orgullo en sus caras y brotaba a flor de piel el sentimiento de pertenencia para su equipo.

Igualmente observamos, como algunos miembros de estas barras, tratando de ocultarse en medio de sus compañeros, le quitaban al papel envoltura de los cigarrillos, la parte de aluminio que estos tienen, para luego fabricar cigarrillos de hierba. Otros tantos, se agrupaban para inhalar sustancias como diluyente de pintura o tiner, y algunos otros, en el piso de hormigón, colocaban un pedazo de papel plástico cual mantel sobre mesa, donde derramaban un polvo blanco, que luego inhalaban, todo esto a metros de las respectivas autoridades que velaban el orden del espectáculo. Al parecer, los barristas se estaban preparando para lograr la máxima euforia con la ayuda de estos alucinógenos, creemos que con la intención de dar todo lo que tenían para apoyar al club de sus amores.

Por momentos, esa zona me pareció que era *law less*, una verdadera zona sin ley, donde en medio de la armonía que predominaba entre ellos, las normas convencionales, eran quebradas. Hacia lo externo del grupo, reinaba en esos momentos y espacio, la anomia.

En otro de nuestros ejercicios de observación, pudimos apreciar el momento cuando, un despistado y temerario miembro de una barra rival, que intento provocarlos, fue objeto de una golpiza, por haber invadido el territorio sagrado de ellos, creo que este osado joven quedo tan mal parado, que será difícil que intente semejante *hazaña* de nuevo.

Cuando el partido finalizó, a alguien de las autoridades del estadio, se le ocurrió la brillante idea de cerrar uno de los portones de acceso y la gente se vio obligada a volver en su marcha a la salida bloqueada y amontonarse en torno de un portón cercano. Allí las pobres muchachas, fueron víctimas de manoseos ultrajantes por unos barras bravas. Al final algunos miembros de estos grupos que tenían una muy buena apariencia, al momento de la salida del estadio, abordaban algunos vehículos de modelos recientes, es decir, eran personas de clase media, con una buena base de educación elemental, o por lo menos, eso pensábamos.

Una de las mayúsculas sorpresas con que nos topamos, ya lejos del estadio, cerca de la terminal de buses llamada El Mónica, en el centro de Tegucigalpa, fue que un turismo azul, de reciente data, se detuvo, y se bajaron un par de adolescentes, bate de baseball en mano, con la camiseta de otro equipo capitalino, que no era el que había jugado, y empezaron a golpear a un joven que venía del estadio, que no era barra brava, dándole una brutal golpiza en cuestión de segundos. El joven agredido que vestía los colores del club rival de los agresores solamente venía acompañado de su novia, luego, los gamberros, se introdujeron a su automóvil y se fugaron en veloz carrera, dejando al muchacho en mención, mal trecho y herido.

Toda esta violencia, es producida por algunos factores que se dan en torno a este deporte de multitudes. Según Rescassens, hay 8 factores que motivan a los miembros de barras a generar violencia, estos son:

- Cobros e intervenciones arbitrales que perjudican al equipo.
- El juego sucio del equipo contrario.
- El resultado del partido, independientemente, si es triunfo o derrota.
- El propio equipo, cuando no está a la altura del aliento de la barra.
- La presencia de la fuerza pública.
- Los insultos y la presencia de la barra contraria.
- El uso de lenguaje beligerante por parte de los dirigentes y los medios de comunicación de masas.
- La presencia de *infiltrados,* que se aprovechan de la cobertura de la barra, para cometer delitos.

Estos ocho factores, en un momento determinado, son los detonantes de la violencia que se genera alrededor del llamado deporte rey, ya sea que aparezcan en forma aislada o en una combinación de algunos de ellos.

Por otro lado, podemos inferir que la evolución en estos aficionados hacia barras bravas, al parecer está siendo acelerado el proceso, porque algunos pandilleros se están mezclando entre sus miembros y por ende, están incorporando algunas actividades típicas de estos, en las barras, como se describirá más adelante.

Estos grupos de barras generan sentimientos encontrados en la sociedad, por un lado, están socialmente estigmatizados, y discrimados por su apariencia y por la violencia que generan, pero también por otro lado, son admirados por el espectáculo que organizan en cada evento deportivo y por los seguidores del club al cual, ellos hinchan.

Todos estos hechos descritos con anterioridad han producido algunos cambios en lo que antes eran los tranquilos dominicales y familiares momentos de futbol, para transformarse estos en verdaderos espacios de inseguridad, violencia y desenfreno por parte de algunos pocos. Ya el aficionado que se aventura a ir a los estadios[17], intenta no vestir los colores de su club, sino que se viste con colores neutros para no ser identificado como simpatizante de un club o el peligro de ser confundido como integrante de una de las barras, y arriesgarse a ser agredido por la barra rival.

Las mismas fuerzas del orden, se han visto obligadas a tomar medidas más fuertes para intentar controlar este fenómeno de violencia, que van desde el aumento considerable de su presencia en los estadios, hasta la utilización de la fuerza para controlar a algunos desbocados miembros de estos grupos, a veces con saldos lamentables.

7.3. El discurso social de las barras bravas

El deporte de las masas, el fútbol, genera momentos mágicos en la fanaticada, este deporte, que, para algunos es más que eso, es casi una religión, divide el mundo en amigos y enemigos. Son amigos sus pares, los seguidores del club, y son enemigos, todos aquellos que no lo son, el *resto del mundo*.

La pertenencia a un club de futbol confiere identidad. Identidad esta, que hay que restablecer constantemente y externalizar confrontándola con otra, porque es relativa a sus

---

[17] Las estadísticas demuestran que la asistencia de los aficionados a los estadios ha disminuido enormemente, impactando directamente en las arcas de los clubes deportivos. Los llamados clásicos del futbol hondureño, en el pasado reciente, se contabilizaban no menos de quince mil aficionados, ahora, apenas asisten un poco más de cinco mil. Una de las causas podría ser precisamente, esa violencia que se genera en los estadios del futbol y en las afueras de estos.

contrarios sin los cuales no tendría sentido. Esta confrontación se observa más en los llamados clásicos, donde se enfrentan dos equipos que rivalizan desde épocas anteriores.

Este grupo social, el de las barras bravas, es uno de los que mejor se presta para analizarlos desde la óptica de nuestros amigos Costa, Pérez, y Tropea; modelo que hemos tomado, para explorarlos y que detallamos a continuación:

7.3.1. Dimensión territorial o espacial: en cuanto al territorio tomado por *asalto* por estos grupos urbanos llamados barras bravas, podemos observar que estos espacios son muy variados y diversos, y por lo consiguiente, igual se han masificado, porque el fenómeno es tan amplio, que prácticamente no hay ciudad en el país, en donde no existan manifestaciones de los grupos más representativos de las barras bravas, inclusive el fenómeno llego hasta pequeñas aldeas, convirtiéndose estas, en los nuevos escenarios de lucha por la *supremacía de su club*. Muchas colonias y barrios de Tegucigalpa y San Pedro Sula, han sido reclamados por estos grupos como suyos, y en donde hay presencia de un grupo, hay ausencia del otro considerado como el enemigo, por lo que este ha tenido que establecer su fortín en otra colonia, en donde los primeros no están presentes. Esto en cuanto al espacio geográfico de *pertenencia*.

Por otro lado, el espacio de *representación*, que es aquel lugar geográfico territorial de estos grupos en donde ellos manifiestan a través de sus atuendos, la pertenencia a una barra de apoyo a un club especifico, y por ende, lo debemos de entender también como espacio de *actuación*, para identificarse como tales, en donde pueden lucir esos atuendos, sus uniformes, su adherencia a su equipo.

Estos espacios de representación y de actuación, serán abordados más adelante, cuando se describa a las tres barras bravas más representativas de Honduras. Existen más, pero estas, además, son las que más generan violencia.

7.3.2. *La dimensión temporal**: los tres momentos de temporalidad en las barras bravas del futbol hondureño, se pueden describir de la siguiente forma:

- Lo *cotidiano:* en las barras bravas, el momento cotidiano, funciona de manera completamente diferente que las otras tribus urbanas. En esos espacios temporales cotidianos, los miembros de las barras, se reúnen informalmente, como en el caso de sus vecinos y amigos que viven relativamente cerca, para comentar los momentos más importantes del último partido. Es decir, que generalmente no es un tiempo muerto que transcurre, como sucede en las otras tribus, entre eventos. La cotidianeidad en los miembros de las barras bravas, tiene una mayor significancia y relevancia.

- *El fin de semana*: este momento es representado por los espacios destinados por las barras, para reunirse formalmente, en donde planifican y organizan el apoyo al equipo de sus amores, en el próximo partido que corresponda jugar. Planifican sus viajes, sus actividades para recaudar fondos, ensayan los nuevos canticos, el objetivo principal, es afianzar el *sentimiento* al equipo. Estás reuniones revestidas de alguna formalidad, llamadas *Sesiones* por ellos, son llevadas a cabo por las *peñas y micro peñas, así como las bandas y micro bandas*[18]. Estos términos, serán ampliados, más adelante. Igualmente hay sesiones donde solamente asisten líderes.

- *Lo excepcional*: El evento especial por excelencia de estos grupos, son precisamente los fines de semana o en los días que se realizan los encuentros deportivos, a media semana, en los estadios de futbol, que se convierten en verdaderas fiestas y el espacio ideal en donde ellos puedan demostrar todo su apoyo a su equipo y su odio al enemigo, el equipo rival y además, a la policía, contra quienes entonan canticos insultantes. Pero el momento especial en si, son las semi finales y finales de liga, así como los encuentros internacionales que realizan sus respectivos clubes.

7.3.3. *Las barras y sus actores*: en cuanto a las expresiones de apoyo, de identidad social y de pertenencia en estos grupos tribales, podemos describirlos así:

- *El atuendo*: la vestimenta o uniforme de estos jóvenes que proporciona identidad personal y social en ellos es muy característica, aparte de vestir los colores de su equipo, predomina mucho el uso de pantalones pegados o mamey, camisetas negras y gafas oscuras, gorros y pasamontañas, es muy común encontrarlos; algunos con el pelo largo desaliñado, su apariencia denota una forma de rebeldía y agresividad. Su identificación por la causa es total. Generalmente, también cargan sus espaldas, una mochila donde guardan alguna camisa extra, diferente a la de su club, para vestirse distinto en su retorno al barrio o colonia;

---

[18] Estas, son las denominaciones que reciben las organizaciones celulares básicas de las barras bravas, y que serán ampliadas sus características, mas adelante.

la utilizan también, para llevar los trapos de su club, papelillos, hasta fuegos pirotécnicos, como petardos y a veces, introducen hasta algunos alucinógenos.

- *La autenticidad:* cada una de las tres barras que aquí abordaremos, tienen sus códigos estéticos que denotan su autenticidad en el grupo y los diferencía del resto, pero que igualmente describiremos, cuando corresponda.

- *Marcas de existencia*: las barras bravas, igual que las maras y pandillas, utilizan mucho este canal de comunicación para expresar su existencia y demostrar su pertenencia y adherencia a uno de los equipos de futbol a los que siguen. Aunque de igual manera, esto será apropiadamente descrito más adelante, si quisiéramos recalcar que un símbolo muy recurrente en estos grupos, aun en las que son antagonistas, es la cara de *Jack*, así como también palabras alusivas a drogas, y rebeldía. Igualmente, podemos considerar en este apartado de marcas de existencia, las pancartas que estos grupos elaboran para demostrar la peña o banda de pertenencia, y que cuelgan orgullosamente en las mallas de los estadios, a lo que ellos llaman como "*el trapo*".

7.4. La construcción social de las barras bravas

Como ya mencionamos insistentemente, cuando hablamos de construcción social, en este caso de una nueva tribu urbana, las barras bravas, hacemos referencia a todos aquellos argumentos que la sociedad define u opina sobre estas y sus características que la hacen especial. Como por ejemplo los diferentes puntos de vista sobre estos grupos. La opinión que generan estos en los medios de comunicación, así como las noticias que estos medios generan de ellos, es decir la realimentación mediática.

Entran en estas consideraciones, la opinión de especialistas sobre el tema y del ciudadano común y corriente al respecto. Y todas aquellas publicaciones sobre el tema, que pueden orientar, o desorientar, dependiendo de la seriedad del abordaje que exista sobre el mismo.

Igualmente, habrá de tomar muy en cuenta, el discurso social de estos grupos, las barras bravas, que ya analizamos con anterioridad, porque lo que ellas comunican en tal discurso, abonara también para esa construcción social.

Todos estos aspectos, son elementos que de una u otra forma logran la dispersión y difusión del fenómeno llamado tribus urbanas. Inicialmente, se analiza entonces el proceso de construcción de la realidad social de un fenómeno tribal contemporáneo, el de las barras bravas. Ya se describió de donde surge ese término que identifica este grupo, y de allí partir para determinar si estos jóvenes se identifican con lo que representan esos nombres.

Se examina también la territorialidad de la subcultura de las barras bravas. Igualmente, sus valores filosóficos e ideológicos, de estos grupos. Todo esto, con el propósito de conocer la construcción social de la realidad de las barras bravas del futbol.

El término de hooligans, barras bravas y ultras, ya fue suficientemente discutido, por lo que aquí no será abordado. Ahora bien, en lo referente a cada uno de los grupos de barras bravas aquí abordados, la Revo, que apoya al Motagua, la Ultrafiel, seguidora del Olimpia y los Megalocos, que apoyan al sampedrano Real España, serán descritos de manera individual.

En lo que respecta a su identidad social en cuanto a estos nombres, cada uno de los miembros de estos tres grupos diferentes, se sienten plenamente identificados, señalando además con claridad a sus enemigos. Enemistad que se da como tiene que darse, entre pares, por ejemplo, la rivalidad que existe entre la Revo y la Ultrafiel de Tegucigalpa.

En tanto en San Pedro Sula, en el caso específico de los Megalocos, inicialmente nos sorprendía que sus rivales futbolísticos, el Club Deportivo Maratón, no tenía una barra brava, porque sus seguidores agrupados en la barra conocida como *Furia Verde*, ciertamente no genera violencia, y su rivalidad no pasa de una forma legítima, leal y deportiva de serlo. Pero logramos identificar como su rival entonces, a la Ultrafiel de San Pedro Sula. Rivalidad muy fuerte que tiene varios años, es más, esta rivalidad entre estas barras bravas, surgió mucho antes que la actual entre la misma Ultrafiel y la Revo. Las barras bravas hondureñas, surgieron en San Pedro Sula, precisamente, la Ultrafiel y la Megalocos.

En cuanto a las barras bravas y su percepción por la sociedad, es vista por un lado como sinónimo de violencia, descontrol, desorden, y anomia, sobre todo por los rivales de otros clubes y por las personas ajenas al mundo del futbol, funcionando estos grupos como catalizadores de eventos ya descritos al inicio de este párrafo. Debido esto, el discurso social que estas trasmiten, están asociadas generalmente al desorden y acompañadas de hechos de violencia.

Pero igual podemos decir que se percibe de manera diferente, este fenómeno tiene alguna aceptación entre los simpatizantes de clubes determinados, y algún sector de la ciudadanía, debido a la imagen mezclada de vistosidad, orden y fidelidad que estos tienen hacia sus clubes, imágenes estas que son reproducidas por los medios de comunicación.

Estos grupos están conformados por diferentes clases de personas que sería imposible intentar encasillarlas, como ya se mencionó, tanto por su edad, porque, así como puede encontrar a adolescentes, de igual manera, hay miembros que rebasan los cincuenta años. Si es por nivel educativo, se puede encontrar desde profesionales y pasantes universitarios, hasta llegar a personas con poca formación académica, inclusive analfabetas. Estratos sociales, encontramos los más diversos y variados, hay integrantes que pertenecen a familias acaudaladas, gente proveniente de clase media, baja, e inclusive, se pueden observar algunos indigentes; se encuentran trabajadores, empresarios, microempresarios, y gente que no tiene ocupación alguna, pero todos tienen algo en común, como dicen ellos, *"la pasión y el sentimiento por el equipo"*

Para profundizar en el discurso y construcción social de las barras bravas hondureñas, exploraremos a sus tres grupos más representativos, de manera individual, y que ilustraremos también gráficamente, para lograr observarlos con mayor claridad.

7.5. Barras Bravas en Honduras

Después de describir, definir y caracterizar el fenómeno de las barras bravas, estamos en la posición de afirmar que, en Honduras, existen tres grupos que se podrían definir como tal, estos son: La Revo, La Ultrafiel y la Megabarra.

7.5.1. La Revo, Revolocos o Revolucionarios

Esta barra brava apoya a uno de los equipos de la capital de la república, el Motagua. Inicialmente se llamaban *Bosteros*, palabra que identifica a los seguidores que apoyan al Club Boca Junior, de Buenos Aires, Argentina, apodo que también recibe este club.

Al parecer hay dos versiones por las cuales a los hinchas de Boca se les llama "*bosteros*". Una dice que La Boca, barrio donde tiene su sede el club en mención, se inundaba mucho, y que cuando subían las aguas del Río de la Plata había un fuerte olor a excremento (bosta). La otra versión, más suave, es que al lado de donde está la cancha de Boca había una fábrica de ladrillos. Al barro para hacer los ladrillos lo pisaban unos caballos que hacían sus necesidades y le daban al lugar un fuerte olor a bosta o excremento de caballo. De todas formas, esta palabra es sinónimo de incha boquense. A nuestro entender, por la similitud de uniformes entre el Boca y el Motagua, donde predomina el azul profundo, los seguidores del último, adoptaron ese nombre como propio, aunque no sabemos a ciencia cierta, si sabían lo que este significaba.

Luego los *Bosteros* se separaron por diferencias internas irreconciliables, y una facción de estos hinchas motaguenses pasaron a llamarse hasta la actualidad, como *Revolucionarios*. Este club, como tiene presencia a nivel nacional, su barra, igualmente está organizada en diferentes ciudades y pueblos del interior, generando violencia también, donde está presente.

Al parecer, el escoger el nombre de *revolucionarios*, ha generado una influencia entre ellos, para que utilicen entre sus símbolos representativos y marcas de existencia, la imagen del rostro del Che Guevara, mítico revolucionario argentino, que hizo su carrera contestataria sobre todo en Cuba, junto a los hermanos Castro.

Extrañamente, esta facción de apoyo al Club Motagua, no utilizan los colores distintivos del club de sus amores, el azul profundo, si no que visten ropa *mamey, y camisetas* negras, asemejando más su apariencia a rockeros, con estampas de Jack, personaje oscuro presente en las películas de Tim Burton. Y por supuesto utilizan también la imagen del che Guevara, algunos con pañuelos rojos en sus cabezas, gorros negros y gafas oscuras, pero aunque su atuendo no esté en concordancia con los colores del club, su entusiasmo y apoyo es incondicional, antes, durante y al final del partido, es inobjetable e indiscutible.

Cuando hay partidos importantes como semifinales, finales y encuentros internacionales, despliegan una gran manta o trapo, en donde se puede leer *"pase lo que pase, aquí estaremos"*, mostrando su incondicionalidad a prueba de todo, por lo que se ganan la admiración de muchos y el rechazo de otros.

El apoyo brindado antes del partido se manifiesta desde los barrios y colonias de donde proceden, organizando unas multitudinarias, bulliciosas y coloridas caminatas con dirección al estadio, provocando congestionamiento vehicular y de personas.

En las afueras de este, minutos antes del partido, se ubican estratégicamente por el sector conocido como portón azul, en la cabecera norte del estadio nacional de Tegucigalpa, en donde con botellones para almacenar agua, cual alcancías, solicitan a los transeúntes uno o dos lempiras, para *colectar* la entrada de todos, ante la sorpresa y temor de la gente que quiere ingresar al coloso, y que ya sea para evitar problemas, o identificarse con la causa, se desplaza por ese sector con algunos billetes en sus manos de baja denominación para entregar a sus interlocutores, recibiendo a cambio como recompensa, un efusivo gracias.

Ya en el interior del estadio, se ubican en tendidos populares, específicamente en el sector llamado sol norte, exactamente tras la portería de esa zona. Donde igualmente ubican sus *trapos*,[19] como toda una ceremonia ritual, llevada a cabo por los *afortunados* que cayó sobre ellos tal responsabilidad de tantas implicaciones simbólicas. Estos trapos tienen un valor simbólico representante enorme, cual pabellón nacional, por lo que cuidarlo o intentar robarlo o *afanarlo*[20] a los rivales, es una de las acciones de estos grupos más practicadas.

Allí, en el estadio, la organización es total. Unos dirigen los canticos, con algunos bombos, otros ubican las mantas o trapos que manifiestan el apoyo a su equipo, así como también la peña que representan.

Cuando los clubes saltan a la cancha, comienza el frenesí y desbordamiento de pasiones, se escuchan los canticos contra el enconado e histórico rival, el Olimpia con sus seguidores, la Ultrafiel, a quienes llaman despectivamente, perros o chucos. Al parecer, lo de perros, por el lema que usan, fiel o fieles; en el caso de chucos, este calificativo, fue acreditado al Olimpia y sus seguidores, cuando –según los revos- hace algunos años alinearon en forma indebida a un jugador que estaba actuando en el futbol extranjero, siendo esto prohibido por la legislación deportiva hondureña, sin tener consecuencias negativas para el club, por lo menos consecuencias legales, porque las de rechazo y censura social, si las tuvieron, encarnadas en ese mote, el de

---

[19] Así denominan ellos, a las pancartas de tela donde plasman los mensajes de aliento a su club, dando a conocer también al mundo el nombre de sus Bandas, Microbandas, Comandos, organización básica celular de estos grupos. Generalmente, los nombres que utilizan son por demás muy sugestivos, como se observara mas adelante.

[20] Lunfardo, que se explicara luego.

chucos, que literalmente significa, en el argot popular hondureño, sucios, tramposos, mañosos.

Contra ellos, entonan el siguiente cántico:

Se cago, se cago
La ultra mierda se cago
Se cago, se cago
La ultra mierda se cago
Ultramierda, son los corridos
Como corristes, este domingo
Toda la banda, corre pa lante
Y con la yuta, vos me acusaste

Canto que refleja el odio hacia sus enconados enemigos, que va más allá que la mera pasión del futbol. Igual, hay cantos e insultos contra la policía, a quienes llaman *Yuta*, como se les llama en forma despectiva en Argentina, curiosamente este término es utilizado para llamar a la policía, por las tres barras. Además, estos insultos recaen sobre los árbitros del partido, así como canciones a favor y que hacen alusión al uso y abuso de drogas.

Es tanto el frenesí, que se da en ese momento, que a veces se agraden entre ellos mismos. El cantico que entonan contra los policías es insultante y totalmente irreverente. Este cantico hace alusión a que mientras ellos trabajan en el estadio, su pareja les es infiel

Hay otro cantico, que hace alusión al uso de drogas en la Revo, este dice así:

Es la barra de la revo
La que fuma marihuana,
Consumiendo cocaína

Que queremos ser campeón.

Algo que me llamo poderosamente la atención, fue en el momento que se anunció que se entonaría el himno nacional, cuando este empezó a sonar, los de la Revo, alzaron su brazo derecho, y algunos otros, el izquierdo, aunque solo uno a la vez, con su mano empuñada apuntando hacia el horizonte, para acompañar su entonación, esa era su forma especial de rendirle honor a la patria, al estilo revolucionario, a pesar de que están en contra de la sociedad hipócrita establecida, su *patriotismo* al momento de la entonación de las sagradas notas del himno hondureño, está intacto. Cada vez, me sorprendía más y más lo que observaba.

El apoyo por parte de los tres grupos aquí estudiados es incesante, antes, durante y al final del partido, su fe y amor al club de sus pasiones, es inquebrantable. En medio de tanta pasión, al momento del gol, explota un frenesí de pasiones, se quitan las camisas y las flamean, corren gradas abajo hasta llegar a las mallas de contención, saltan, gritan, insultan con canciones a la Ultrafiel y los retan para llevar sus hostilidades a fuera del estadio, donde *la yuta no podrá salvarlos.*

En las pancartas, o trapos, que denotan la originalidad de las Bandas y Comandos[21], así como la representación de estas con sus mensajes de afirmación y existencia, se pueden leer los diferentes nombres de las mismas, entre las que encontramos las siguientes:

Guerrilleros: estos tienen su sede en la Colonia Divino Paraíso.

---

[21] Es la organización básica celular en la Revo. Sería el equivalente, a las peñas, de la Ultrafiel. Conformadas también por micro bandas y micro comandos.

Mercenarios: esta banda está conformada por personas que residen en la populosa Colonia Kennedy, Colonia Montes de Sinaí, Residencial Alemán, y Colonia La Peña.

Revo Pedregal: banda que tiene su sede en la Colonia El Pedregal de Comayagüela y sus alrededores.

Terroristas: los miembros de esta facción residen en las diferentes zonas de la Colonia Cerro Grande.

Espartanos: los miembros que conforman este Comando son del Barrio El Reparto y son los que a menudo, tienen enfrentamientos con la peña de Marihuanos, de la Ultrafiel, con quien *comparten* territorio, y pelean por el.

Revo Party Irre: que significa, Revolucionarios Pantanal Irreverentes, una de las colonias menos urbanizadas de la capital, donde esta banda tiene su sede.

Irreverentes: los miembros de esta facción de la Revo residen en la Colonia Arturo Quezada, y la Residencial Lempira.

Legionarios: banda localizada en la Colonia Villanueva, Colonia Los Pinos y sectores aledaños. Generalmente realizan sus actividades y se desplazan con la banda de los *Mercenarios,* de la Colonia Kennedy.

Los de la Polo: esta banda, está localizada en la Colonia Policarpo Paz García, de Comayagüela.

Legionarios: generalmente los miembros de estas peñas se reúnen en la salida a Danlí.

Danger's: son del sector de la Colonia La Esperanza y La Colonia San Miguel.

Anarquía: esta es una de las bandas más numerosas de la Revo, se ubica *en La Colonia El Carrizal,* rivalizan con la peña de la Santa Fe, de la Ultrafiel.

Los Fuser: son de la Colonia La Peña

Además, existen otras bandas y un sinnúmero de micro bandas y Comandos, entre las que podemos encontrar a *Descontrola2, Fúnebres, Locos Narcishis, Conflicto, Corrientes, Anormales, Comando 21,* entre otras, todas estas de singulares nombres.

La Revo, tiene presencia también en ciudades como Danlí, El Paraíso, Jamastran, San Pedro Sula, La Paz, Comayagua, Siguatepeque, La Ceiba, entre otras.

Un hallazgo muy interesante en la barra brava de la Revo es que a pesar que no se encontró una banda conformada exclusivamente por mujeres, tal y como se da con las *Vampiras* en la Ultrafiel y *Las Diosas* en la Mega, se pudo comprobar que en una de las bandas más violentas, es dirigida por dos mujeres, una como líder y la otra como su lugar teniente, siendo ellas de una fuerte personalidad e imponen una férrea disciplina entre sus seguidores.

Se intento entrevistarlas, pero la respuesta de la lideresa llamada *Mama Revo,* es que "*yo* no le doy entrevistas a sapos, *mejor perdete, si no queres que te mande a pegar una v...*", obviamente, desistimos nuestras intenciones. Igualmente, son dos féminas las voceras oficiales de esta barra.

Todas estas bandas, llevan al estadio sus trapos muy bien elaborados, de todos los tamaños y con los colores de su equipo, algunos son fijos, y algunos otros, son móviles, que se desplazan por esas graderías, cual pabellón sagrado con mensajes de apoyo a su equipo y de desafío a sus enconados rivales. Estos últimos se llaman *lienzos.* Estos últimos, son utilizadas por la barra en general, y los trapos, por las organizaciones celulares.

Debemos dejar establecido, que no todas las barras generan violencia, por lo que ese término se debe distinguir, de las que si lo generan, que son propiamente barras bravas.

De los seguidores del Motagua, solamente la *Revo* es barra brava, aun así este equipo tiene otros grupos de apoyo, que no generan violencia, estas barras responden al nombre de *Macroazurra*, prácticamente desaparecida, y la *JAH*, organización cristiana muy conocida que significa, Jesús Ama a Honduras, y que tiene muy buena aceptación entre la población, por sus mensajes de amor, solidaridad y fraternidad.

7.5.2. La Ultrafiel

Esta barra brava, apoya al equipo más popular del futbol hondureño, al Olimpia de Tegucigalpa, y por ende sus más enconados rivales, son los de la Revo, que apoya al club vecino, el Motagua. En San Pedro Sula, sus enemigos son los miembros de la barra llamada Megalocos, que apoyan al Club Deportivo Real España.

Igual que la Revo, la Ultrafiel tiene presencia en muchos rincones del país, pero esta es mayoritaria, lugares hasta donde han trasladado los escenarios de lucha y conflicto que mantienen con la Revo, sus enconados enemigos, a los que ellos llaman despectivamente *putos*, porque –según los de la ultrafiel- los de la revo no tienen valor de enfrentarlos. En el argot hondureño, este es un calificativo despectivo que significa, maricones, mariquitas, puñales, faltos de valor, cobardes, todo esto aparejado a su condición sexual de homosexualidad, un tema tabú en estas latitudes.

Para todas las barras bravas, llámese Ultrafiel, revos o megalocos, el enemigo en común, son las fuerzas del orden del estado, la policía, llamados por ellos como ya dijimos, yutas, federales, chepos, etc.

Como ya se mencionó, la Ultrafiel se originó en la Ciudad de San Pedro Sula, pero antes de eso, allá por 1987 ya existía una barra que apoya al Club Olimpia, se llamaban "La Barra del León". A inicios de los 90s es cuando surge ya la Ultrafiel en San Pedro Sula, luego, un grupo de amigos de la Colonia San Miguel, fundaron la Ultrafiel Tegucigalpa, siendo estos juramentados por los pioneros sampedranos.

En ese entonces, ellos manifestaban que eran los primeros Ultras de Centro América, en franca alusión a las barras Ultras Europeas, y como se ubicaban en el sector Este del Estadio, se llamaban la Ultra Este, luego al propagarse por todo el país, se quedaron con el nombre original, Ultrafiel. Y así se empezó a organizar la barra más grande de Honduras.

Posteriormente, empezaron a surgir diferencias entre algunos de los miembros, sobre todo por el manejo de fondos de los patrocinadores, por lo que algunos se separaron y surgió "La 12". Esta última empezó a captar un gran número de simpatizantes, pero en la actualidad, casi está desaparecida, y solamente quedo la Ultrafiel.

Poco a poco empezaron a organizarse, a incorporar instrumentos musicales, incluían la utilización de juegos pirotécnicos y extinguidores. Están practicas fueron alentadas por algunos jugadores sudamericanos que llegaron al país, quienes empezaron a realizar enseñanzas correspondientes a las barras del futbol.[22]

---

[22] En nuestros relevamientos de datos, se pudo establecer que estos jugadores se limitaron a la enseñanza de canticos y coreografías, en ningún momento, se estableció el hecho de que ellos alentasen a la práctica y uso de la violencia.

Igualmente, algunos miembros de la Ultrafiel, contactaron a colegas de las barras de los Morados de Costa Rica, y de la Universidad de Chile llamados estos últimos "Los De Abajo" que usaban las siglas *LDA*, para que vinieran a colaborar en la formación de estos grupos. Relaciones estas, que se mantienen aun en la actualidad. Es por eso que escuchamos a través de sus canticos, las canciones que se entonan en los estadios sudamericanos.

Iguales alianzas se establecieron con los "UltraSur" que apoyaban al Comunicaciones de Guatemala. Todo este intercambio de experiencias, logro que la ultrafiel incorporara las prácticas propias del fenómeno en Honduras, marcando la pauta a seguir por el resto de las barras de los demás clubes hondureños.

En cuanto a su vestimenta de *combate*, utilizan pantalones cortos y pantalonetas jeans, pelo largo, gorras rojas, gafas oscuras, pero estos si lucen los colores de su equipo, el blanco, con algunos ribetes de rojo y azul. Además, utilizan máscaras, gorros, pasamontañas, pañuelos en sus cabezas y caras; usan mucho la figura de un oso panda y de caras de extraterrestres, para adornar sus trapos, con mensajes insultantes para sus enemigos y alusivos a drogas, desorden, contestación y rebeldía social.

Igualmente, se desplazan en desfiles bulliciosos y muy coloridos hasta el estadio en grandes grupos, con simpatizantes que se cuentan por miles, ya que esta barra, la Ultrafiel es la más grande del país, como ya se mencionó. En uno de los clásicos capitalinos que pudimos asistir, calculamos que había unos cuatro mil seguidores de esta barra, mientas que los de la revo, apenas llegaban a unos mil.[23]

Esos llamativos y ruidosos desplazamientos causan sensaciones encontradas, que van desde el temor hasta la admiración de la gente que se encuentra por donde ellos se movilizan. Estas marchas generalmente inician en tres puntos diferentes de la capital hondureña.

En la Colonia Santa Fe de Comayagüela, cuando el Olimpia juega de local, se reúnen la mayoría de las peñas y micropeñas olimpistas, a veces desde las once de la mañana, que son del sector de Comayagüela. Como a las dos de la tarde -si el partido es a las cuatro- el líder de la barra brava, decide que es hora de iniciar el desplazamiento hacia el Estadio Nacional, a la zona de sol centro.

En este desplazamiento van entonando himnos de guerra, al compás de los tambores y trompetas, así como también maracas, exhibiendo con orgullo sus trapos y lienzos[24]. Entre las canciones que entona, se pueden escuchar las siguientes:

Vamos Leones
esta es tu hinchada
que no te deja de alentar
Vamos Leones
yo te sigo
Adonde quiera que vayas

---

[23] La asistencia reportada ese día, por las autoridades de la Liga nacional, apenas fue de 9,473 aficionados, de los cuales, casi el cincuenta por ciento aproximadamente, eran miembros de estas dos barras.

[24] Llaman lienzos, a aquellos trapos que se ubican desde la parte superior de las graderías, hasta la parte inferior, exactamente en el centro de su ubicación. Son los trapos oficiales de la barra, haciendo referencia solo a esta y no a las peñas y micropeñas.

Esta es la Ultra si señores
Esta es la banda de los Leones
La que coge a los Pichetes
Y a los putos del Ciclón
Y no me importa donde juegue
Ni tampoco los rivales
Prepárate Mega chancho
Que la vuelta vamo a dar

Hay otros dos puntos de reunión, utilizados sobre todo para otros sectores de la capital que no se encuentran en la ruta que recorre la Santa Fe. Los miembros que vienen de Tegucigalpa se reúnen en el parque central, hasta allí llegan las peñas del Barrio El Edén, El Centro, Buenos Aires, entre otros.

Para la gente que vive en las colonias Kennedy, Miraflores, San Ángel, Villanueva, El Hato, Los Llanos, se reúnen cerca de la Universidad Pedagógica, sitios estos desde donde marchas hacia el estadio.

Ese día, es un día de fiesta, es "un domingo es para el albo". Estos lugares antropológicos, se transforman también en espacios de pertenencia y referencia para los seguidores del Olimpia, la ultrafiel.

Antes de su ingreso al estadio, realizan la misma práctica de sus rivales, la Revo, pedir dinero a los transeúntes, para reunir el valor de la entrada, y ver jugar a su equipo.

Su presencia en el interior del estadio es enorme, acaparan casi toda la zona central del estadio, en los tendidos de sol. Sus trapos se ubican en casi todas las mallas del coloso capitalino y cuando se enfrentan el Olimpia al Motagua, las barras de este último, la Revo, son prácticamente confinadas a la cabecera norte del mismo sector, sometiéndolas en número.

En el estadio Morazán de San Pedro Sula, la Ultrafiel, que tiene igual presencia numerosa, se ubica en la cabecera sur de tendidos populares. Allí, no se encuentra nadie más que no sea afín a sus huestes.

Se supone que en Tegucigalpa hay 16 peñas, de al menos cien personas por cada una, y micropeñas hay no menos de tres por cada peña, conformada por igual cantidad de jóvenes, es decir que solo en Tegucigalpa, la Ultrafiel tiene más de cinco mil miembros, debidamente registrados por ellos.

A pesar de esa gran cantidad de gente, siempre se las arreglan para comunicarse cuando tienen sesiones. Como dijo un entrevistado *"Para reunirnos nos ponemos de acuerdo, nos llamamos con los registros de todos que se llaman ficheros, por mail o por cualquier medio, hasta por señales de humo, porque ya somos demasiados. Todo con el fin de prepararnos para el próximo encuentro, que puede ser un clásico, el sentimiento al albo es todo."* La capacidad de organización de estos grupos es inmensa, debido a lo cual, el fenómeno de las barras en Honduras se ha masificado.

Según este informante, ya no se fundan más peñas, solo micropeñas, porque para su conformación todo lleva un proceso muy complejo, y han crecido tanto que se decidió tomar esa decisión, en todo caso los aspirantes deben demostrar por algún tiempo su pertenencia.

En cada peña, hay varios líderes, todas las decisiones se hacen colegiadas, por mayoría. Se reúnen una vez a la semana, los sábados, para tratar asuntos relacionados con logística, organización, problemas, viajes, instrumentos, economía de los miembros, etc.

Entre las peñas más conocidas, por su presencia, tenemos las siguientes:

Santa Fe: es la peña más grande, precisamente es de la Colonia Santa Fe de Comayagüela, tiene micro peñas en varias colonias como la Policarpo Paz García, la 3 de mayo, entre otras.

Caos: esta es una micropeña de Santa Fe, también es de considerable tamaño, ese nombre sugestivo significa, **C**entro **A**mérica **O**este **S**obados. Y están ubicados en esa colonia en mención.

Intoxicados: esta es una peña que tiene su sede en la ciudad de San Pedro Sula, y realiza viajes desde esa ciudad a Tegucigalpa, cada vez que el Olimpia juega.

Marihuanos: peña que tiene su sede principal, en el populoso Barrio El Reparto.

Troyanos: son de la Colonia Arturo Quezada y la Residencial Lempira.

La Tropa: los miembros de esta peña, residen en la Colonia Monseñor Fiallos.

Vikingos: sus miembros viven en la Colonia Las Torres, Colonia Las Rosas y La Flor del Campo.

LDA: que significa, Los De Abajo, en alusión a la barra brava de la Universidad de Chile. Los miembros de esta Peña pertenecen a diferentes sectores de la capital.

Psicos: esta peña, se ubica en la Colonia 21 de octubre y en las colonias aledañas.

La Tropa del B2: esta peña es conformada por personas del barrio Bella Vista, por eso su nombre.

Los Redon2: peña ubicada en la Colonia Hato de En medio, es una de las más antiguas.

Ultrasur: en alusión a la barra del Comunicaciones de Guatemala. Peña conformada por personas residentes en la Colonia Monterrey, Calpules y El Pedregal y de toda la zona sur de la capital.

BsAs o Alborotos: Peña ubicada en el Barrio Buenos Aires y el Barrio El Edén.

Vampiras: Peña conformada únicamente por mujeres, la mayoría de ellas vive en el barrio El Reparto, aunque están diseminadas por toda la ciudad capital.

Morazán: Peña localizada en el mítico Barrio Morazán.

Calpules: Peña localizada precisamente en esa Colonia capitalina, Calpules.

Albohemios: esta peña responde su nombre a la combinación de dos palabras, albos, como se le conoce con cariño al Olimpia, por el color de su uniforme, blanco; y Bohemios, por el estilo de vida de los miembros de esta peña. 21 de octubre.

Los de Suyapa: peña localizada en la Colonia y Aldea de Suyapa.

Invasores: ubicados en el Barrio de Sípile, además se puedan encontrar algunos integrantes en la las colonias 21 de Febrero, y San Francisco.

La Centro: Esta numerosa peña, se ubica en el centro histórico de la ciudad capital.

Blasfemos: se ubican en los céntricos barrios de Casamata, y El Manchen

Además, existen un sin número de micro peñas, entre las que podemos mencionar a algunos con igual nombres sugestivos como: *Peste Blanca, PKS Sur, LKS, Vagos Atorrantes[25], Sicarios,* entre otras.

Así como también, se pueden encontrar la barra Ultrafiel en otras ciudades, como los *Callejeros* que son de Siguatepeque, Comayagua, y La Paz, también hay en San Pedro Sula donde surgió, Nacaome, Choluteca, La Ceiba, Yarumela, La Villa de San Antonio, Danlí, y en fin, esta barra es tan grande, que prácticamente está en todos los rincones del país, inclusive en Estados Unidos de América.

7.5.2.1. Entrevistas

El poeta, es un joven de 23 años, estudiante universitario, ingreso a la Ultrafiel a los 15. Su otra pasión, es la poesía, la que produce gracias a su *musa,* la que según él, da sentido a su vida.

El poeta, inicia su relato así:

Mira brother, en teoría, dentro del grupo, somos hermanos, pero como allí andamos de todo, la verdad es que a veces se siente una rivalidad entre grupitos, hay mucha envidia, y odio al interior.

---

[25] Esta palabra, atorrantes, de uso común en Argentina, significa vago, irresponsable, etc.

Yo sé, que piensan mal de nosotros, porque producimos violencia, y la verdad, es que adentro, en el agite, te invitan los compañeros a golpear a los putos, y cuando se puede lo hacemos.

Adentro hay de todo, hay pandilleros, raperos, rockeros, punkeros, emos. Todos con el sentimiento con el albo. Aunque siempre nos chiviamos con aquellos que no conocemos, a los nuevos que nadie ha visto, y que andan allí de allegados, los observamos, porque pueden ser sapos, y pueden identificar líderes, para matarlos, los putos quieren quitar la cabeza a las culebras, para que se muera.

¿Esa gente, entonces es la que genera violencia, los allegados?

Los líderes, no aprueban eso, no les gustan los quilombos[26] así, pero es cierto, se da de todo por ellos, son como virus de las barras

El poeta, es un joven de clase media, tiene su trabajo, su hogar bien establecido, y es padre de una niña. ¿En tu familia, hay alguien más en la barra?

Si hay, mi hermano menor, ese sí que esta mas metido a rollo, siempre se mete a pedos, viaja mas, donde va el albo, el lo sigue.

¿Qué pasa ya en el interior del estadio?

Mira, cuando estamos en el tablón[27], Todos andamos locos, ya sea con mota, birrias, guaro, chemo, polvo, lo que sea. En el estadio, los líderes tratan de imponer las reglas, pero es

---

[26] Desmanes, desordenes. Esta palabra es un lunfardo argentino.
[27] Así llaman al estadio de futbol, como en Argentina. El tablón es el lugar mágico por excelencia en estos grupos.

pijiado[28] controlarlos a todos, porque es muchísima gente, como te dije hay de todo, hay allegados también. Allí, se vale de todo, el sentimiento por el albo, es todo, lo demás no existe.

Cuando nos sobamos[29], hay peñas que se malean, porque hay algunos que son cosa seria viejo. Y no confían en nadie.

¿Y de la Yuta[30], qué opinan?

La policía es mala, muchas veces nos golpean sin razón, la vez pasada, mataron a un chavalo de la Centro, y también hirieron a otro. Una vez le arrancaron un piercing a un alero de la nariz, era sangrerio perro el que echaba el pobre.

¿Y ustedes, los agreden a ellos?

Mira, como te digo, si se descuidan los jodemos, porque ellos no se tocan el corazón con nosotros, y también, si podemos, los podemos chiniar a patines a esos chepos de mierda.

¿Los líderes, cómo se eligen?

El líder tiene aguante, para serlo se debe ser responsable, debe tener amor al albo, se es líder por amor. Tiene que ser buena onda con el resto, debe tener presencia, tiene que hacerse querer, a veces son los más antiguos, y nosotros también los cuidamos, son muy queridos y cuidados, porque como ellos son prudentes, hay muchos adentro que no los quieren, y no entienden de razones, solo desean estar peleando con todo mundo. Por eso los cuidamos, somos sus ojos en las espaldas, como son tranquilos, son muy criticados por los antisociales que están allí.

---

[28] Difícil.
[29] Andar en medio de todas las peñas, en el estadio.
[30] Así se le dice a la policía, en Argentina.

¿Cuándo hay un gol, que sucede?

Ah, si hay un gol, nos echamos esta:

Es para vos
Es para vos
Puto hijueputa
La puta que te pario

¿Y en las colonias, porque pelean?

Esas pelean surgieron, porque los cutes[31] vieron que en el estadio no son rivales para nosotros, somos una masa que los puede aplastar solo con la presencia, entonces como buenos maricones, nos buscan en los barrios y colonias, sobre todo donde hay peñas pequeñas, para golpearnos y robarnos los trapos, pero se joden, porque allí también les sonamos el hocico a la putada.

¿Es cierto, que los mareros los amenazan a ustedes por esas peleas?

Es cierto mano, esos manes se malean, porque cuando hay quilombos, llega la yuta y a ellos no les convienen, una vez nos formaron y nos dijeron que, si seguíamos con eso, nos pelarían vivos, y a esos si les temblamos, no andan con papadas.

Así finalizo nuestra entrevista con el poeta, alguien quien anhela publicar su poemario, que ya tiene manuscrito, inspirado en su musa.

---

[31] Sinónimo de zopilote, Insulto para identificar a los motagüenses, que utilizan como símbolo al Águila.

7.5.3. La Mega Barra, o megalocos

Esta es la barra que sigue el Real Club Deportivo España, de San Pedro Sula. Su vestimenta, es muy llamativa, como la de su equipo aurinegro, enfundados en esos colores propiamente, amarillo y negro. Estas fueron las primeras en generar violencia, ante los seguidores de su más enconado rival, la Ultrafiel olimpista, es más, los primeros brotes de violencia en el futbol hondureño, ya como una agresión organizada y generalizada, se dio entre estas dos agrupaciones de barras bravas, en San Pedro Sula.

La megalocos nació en la primera mitad de la década de los 90's, como una respuesta al surgimiento de la Ultrafiel, con quienes son enemigos, según ellos, porque hace muchos años, algunos miembros de la ultrafiel, ultimaron a un seguidor del Real España, y desde entonces juraron combatir a los *chucos*.

Los enfrentamientos que se dan entre estas dos barras, no se producen en Tegucigalpa, porque la presencia de los megalocos en esa ciudad es muy reducida, y cuando se desplazan hasta allí, su presencia es casi nula, pasando desapercibidos. Aunque hay que mencionar que existe una barra organizada en Tegucigalpa que apoya al Real España que se llama Barra Organizada Real España de Tegucigalpa "BORET" fundada el 9 de Febrero de 1996, y que al entrar al estadio Nacional de Tegucigalpa, asume el nombre de Megalocos Tegus[32].

La historia futbolística reciente, demuestra que esta es la barra brava más violenta del país, historia de agresiones a sus rivales, a jugadores de otros clubes, a árbitros y sus asistentes,

---

[32] Este es un diminutivo que se utiliza para abreviar y llamar con confianza a la ciudad capital de Honduras, Tegucigalpa.

inclusive hasta la misma policía, hablan de su permanente agresividad que ha provocado la sanción de su estadio.

El vestuario que utilizan los miembros de esta numerosa barra es pantalones jeans, camisetas negras, que es uno de sus colores distintivos, junto con el amarillo; algunos con pelo largo. En sus *trapos*, escriben mensajes insultantes para sus enemigos, los perros, chucos, ultramierdas (la Ultrafiel), e igualmente como las otras dos barras estudiadas, grafican símbolos alusivos a las drogas, desorden, contestación y rebeldía social.

Los desplazamientos en sus desfiles son muy coloridos y bulliciosos hasta el estadio Morazán donde toman posesión de su espacio antropológico de pertenencia y referencia, sol centro. Igualmente, se desplazan hasta el Estadio Olímpico, cuando les corresponde jugar contra el CD Maratón, tomándose las graderías populares de sol norte.

Realizan la misma práctica de las otras barras bravas, pedir dinero a los transeúntes, para ajustar su boleto de entrada. Su presencia en el interior solamente es comparada por los seguidores del Olimpia, a quienes últimamente han confinado al sector de la cabecera del Estadio Morazán.

A sus organizaciones, las llaman igualmente como lo hacen los seguidores del Motagua, Bandas. Entre las bandas más conocidas, por su presencia, tenemos las siguientes:

Comando 12: Esta facción, que no se sienten miembros de la megabarra, aunque aceptan apoyar a su club juntos, surgió precisamente en 1999, como una respuesta innovadora –según ellos-a los ya "aburridos canticos" de la mega, movimiento encabezado por los más jóvenes de la barra. Son los más agresivos de los grupos de apoyo. Están diseminados por toda la ciudad.

Kanavirus: La banda de los kanavirus nace en el barrio de cabañas, en junio del 2005 con una idea innovadora de apoyo, tal y como surgió la Comando 12. Según ellos, el nombre de kanavirus nace de la idea de patota[33] y el tac que significa kanavi=marihuana virus=por el amor a la mota, ellos aducen que son conocidos por ser los más consumidores de esa 'hermosa hierba'

Boret: La Barra Organizada Real España de Tegucigalpa "BORET" fue fundada el 9 de Febrero de 1996, según su propia versión, para hacer resaltar la imagen de aquellos aficionados que entregan su corazón en pro de la superación del buen futbol practicado por el Real España.

Hebreos: esta banda tiene su sede en el sector de la Colonia López Arellano de Choloma, que es una vasta zona geográfica que contiene un sinnúmero de colonias, cuyos simpatizantes adhieren a esta causa.

Libres y *Locos:* los miembros de esta facción de la megalocos, se ubican en el sector de la Colonia San José V y sectores aledaños.

Descontrola2 del Tablón: esta banda, que su nombre literalmente se podría traducir como "descontrolados del estadio" están dispersos sus miembros, por toda la ciudad.

---

[33] Así se les llama a las pandillas en Argentina. Las barras bravas hondureñas adoptaron varias palabras propias de ese país, modismos que allá se conocen como Lunfardos. Es evidente entonces, la influencia del fenómeno de las barras bravas argentinas, en nuestro país.

Delirium Aurinegro: estos miembros de la banda que, según ellos, están desequilibrados mentalmente por los colores españolistas, se ubican en el sector del barrio Barandillas.

Las Diosas: esta banda, se conforma única y exclusivamente por miembros del sexo femenino. Todas las barristas simpatizantes de los colores aurinegros, se agrupan en torno a esta facción, por lo que estas se encuentran radicadas en diferentes sectores de la ciudad y centros urbanos cercanos, ubicados en el Valle de Sula.

Igualmente, existen otras bandas y micro bandas, entre las que se pueden mencionar a los *Enkadena2, y la 28*, entre otras. Además, están los megalocos de La Lima, Puerto Cortes, Tela, Villanueva, Choloma, El Progreso, La Ceiba, etc. Su centro de acción se ubica en la costa norte y litoral atlántico, es decir que responde a un sentimiento regionalista, no así el caso del Olimpia y Motagua, que, por mucho, son los únicos que tienen presencia a nivel nacional.

Esta barra, tiene diferentes canticos, algunos de los cuales, son dedicados a sus enemigos número uno, los chucos, como llaman a los seguidores del Olimpia, y de paso, le dejan ir también algunos insultos a la yuta, como se puede leer a continuación:

Ay ultra mierda mira que distintos somos
ustedes van con la jura nosotros aguantamos solos....
Chuko culero que diferencia que hay
aquí no se ven los chepos y la hinchada no se va.......
Vos sos vigilante esa es tu verdad
venís custodiado al Morazán.
Los hinchas de España al cagadero van
todos caminando sin la federal

Otro cantico, dice así:

yo solo quiero quemar el cagadero
que se mueran los perros para ir a festejar...
Por eso España con huevo vaya al frente
la hinchada está presente no para de alentar...
Pasan los años pasan los jugadores
pero lo que no pasa es la hinchada del real...
Por eso yo te quiero dar España mi corazón
yo te sigo a todas partes
yo te quiero ver campeón...

Igualmente, en los estadios se escuchan algunas canciones alusivas a aquellas sustancias que logran en ellos, estados eufóricos en el clímax de apoyo total a su equipo, como los siguientes:

Fumando hierba y tomando alcohol
así llegan los aurinegros
fumando hierba y tomando alcohol
así llegan los aurinegros
a los chukos yo no los quiero
hijos de puta no valen nada
a los chukos yo no los quiero
hijos de puta no valen nada

Para la Megabarra, sus enemigos son los de la Ultrafiel olimpista. Aunque apoyan con igual fervor a su club, cuando se enfrenta a los otros dos clubes grandes de Honduras, sus vecinos los del Maratón y los capitalinos del Motagua, no está presente el odio y la pasión irreverente que contra los primeros. Es más, ellos, los de la megabarra, aducen que se llevan muy bien con miembros de otras barras, aunque a veces por excesos propios de la gente que pertenece a estos grupos, se le olvida tal afinidad.

Cuando el Real España participa en algún juego denominado como clásico, ya sea contra el Olimpia, Maratón o Motagua, o enfrente algún rival internacional por los torneos regionales en que su club pueda participar, ellos se reúnen en el Parque Central de San Pedro Sula, para iniciar un colorido, bullicioso y atractivo desfile hacia el Estadio Francisco Morazán. Si el partido se realiza en el Olímpico Metropolitano, la reunión es en las cercanías de los edificios de los Tribunales de Justicia sampedranos.

Estos grupos, tanto la Megabarra, y sus facciones, están muy bien organizadas, incluso todas tienen su página web con dominio propio, en donde a través del ciber espacio, demuestran su pasión por la causa, mantienen informados a sus miembros, muestran con orgullo los trofeos de guerra que *afanaron*[34] a sus enemigos, los chucos, que exhiben en la web y en los estadios, orgullosos, extendidos e invertidos por ser *botines de guerra*.

En estos ciberespacios, ellos cuelgan algunas historias mágicas de enfrentamientos épicos con sus más enconados rivales, en donde se puede leer historias como la siguiente:

El sábado 04/08/07 el chuco amargado y correlón apunto en su calendario de sufrimiento una fecha más, se demostró una vez más el aguante[35] aurinegro, el aguante de los más lokos los comandos y los kanavirus LOS DE + AGUANTE, el punto de partida fue el parque central de san pedro sula, íbamos alistando las gargantas para alentar al real como siempre,

---

[34] Afanar, es otro lunfardo argentino, que se utiliza como sinónimo de robar, hurtar, sustraer.

[35] Lunfardo que significa, apoyo, valor, coraje.

veníamos cantando saltando y armando un carnaval en la primera calle, pues íbamos subiendo toda la primera cuando llego el momento cero, llegamos al glorioso Morazán donde nos acabamos de coronar campeones, allí a lo lejos se mira el cagadero sur donde está la xltra, la xltra mierda como siempre tirándoselas de los de más aguante los más bravos, allí estaba toda la mierda reunida mientras que al otro extremo veníamos los lokos, los lokos del tablón pues en ese momento decidimos corretear a los chukos éramos más o menos 50 o 60 eso es lo de menos, lo que importa es que íbamos con lo huevos para correr al chuko y eso que ellos dizque estaban todas sus peñas pero se vieron impotentes ante el aguante aurinegro ante el valor de nosotros, al ver que venían los aurinegros a recordarles que son nuestros hijos, pues lo único que hicieron y como era de esperar corrieron a esconderse para evitar lo que siempre les pasa "Papa aurinegro castiga al hijo amargado, falso y cagón", por hablador. En eso como por arte de magia apareció el superhéroe (la yuta) de los chucos cagones, los que siempre los salvan de no ser castigado por su padre "el aurinegro", pues como era de esperar la policía tuvo que rodear a toda la banda del aurinegro para detener el castigo al perro chuco cagón, salieron corriendo buscando esconderse en el cagadero allí uno de ellos fue herido por un aurinegro con huevos y como siempre los perros se escondieron huyeron y lloraron bueno así se resume una historia más de los que tienen más huevos en Honduras......

Estas y otras son las historias mágicas que cuentan los miembros de estas tribus urbanas, donde hablan de sus hazañas, sus enfrentamientos con el enemigo, sus proezas antes las autoridades, la obtención de botines de guerra, y el final victorioso que *siempre les sonríe* a los más poderosos, a los mejores, a los capos del futbol.

7.6.Financiamiento de las barras bravas:

Al entrevistar a los miembros de las tres barras bravas aquí descritas, se les consulto sobre la procedencia de los fondos para financiar sus actividades, que generan la erogación de importantes sumas de dinero para ser utilizadas en el pago de entradas, compra de papel y bengalas, así como de fuegos artificiales, elaboración de sus trapos, que son muy llamativos, muy bien elaborados y de dimensiones muy grandes y por ende costosos, y así como también, fondos que utilizan para la movilización a otras ciudades para apoyar a su equipo, en sus visitas a otras sedes.

Por lo que pudimos identificar las siguientes fuentes de financiamiento:

7.6.1. Aporte de los clubes: es evidente que los clubes a los que pertenecen estos grupos de barras bravas, y otros grupos de barras que no generan violencia, financian algunas erogaciones económicas que realizan los susodichos mencionados. Sobre todo aquellas que tienen que ver con su movilización, por lo que se ponen a disposición algunos buses con el respectivo combustible para tal efecto. Son patrocinadas también por los clubes la elaboración de mantas gigantes, sobre todo las utilizadas en juegos que visten de mucha importancia, como los de los torneos internacionales, o juegos de liguilla y finales. Estos aportes pueden ser en especies, servicios y efectivo.

7.6.2. Aporte de patrocinadores: las barras, también reciben financiamiento de algunas empresas patrocinadores de los clubes, las que proporcionan algunas mantas alusivas al club, con el respectivo logotipo de quien lo patrocino, esto con el fin de que se puedan realizar espectáculos llamativos. También proporcionan algunos objetos inflables que producen sonido al chocarlos entre si, y permitir un ambiente mas agradable en el interior del estadio. En esta modalidad, en los últimos tiempos, se pudo observar el patrocinio de algunos políticos candidatos a elección popular. Estos aportes son generalmente en especies, aunque los patrocinadores disminuyeron sobre todo por la violencia generada por estos grupos.

7.6.3. Aportes propios: En esta categoría, se subsume todos aquellos fondos que se recaudan a través de aportaciones voluntarias ya sea en efectivo o en especies que algunos de sus miembros acceden a dar. Aquí, igualmente podemos ubicar el resultado de aquellas actividades licitas que realizan para tal fin, como el hecho de rifas, donaciones, ventas de stickers, cds, etc. Igualmente se ha identificado, que se confeccionan prendas de los equipos, para lograr el mismo fin, producto de las ventas de los artículos en mención. A decir verdad, la mayoría de las erogaciones monetarias en que incurren estas personas en el apoyo a sus clubes, son financiadas por ellos mismos, su devoción no tiene límites.

7.6.4. Acciones ilícitas: en esta categoría, se subsumen todas aquellas acciones fuera de ley que realizan los miembros de algunos de estos grupos, para la obtención de fondos, como robos, asaltos, ventas de drogas, chantajes y extorsiones, entre otras. Es de hacer notar que no todos los miembros de estos grupos realizan este tipo de actividades ilegales. Solamente un reducido grupo de ellos, cometen estas acciones, amparados en la condición de anonimato que genera esta gran concentración de personas. Generalmente estos ingresos generados por las actividades antes descritas son utilizados en gastos propios de los ejecutores y no deberá entenderse como si la barra ordena la realización de esas actividades al margen de la ley.

7.7.Barras Bravas y Pandillas:

Algo que de inmediato saltó a nuestra mente cuando empezamos a estudiar a estas agrupaciones fue la similitud que existe entre las barras bravas que tienen una estructura organizativa muy semejante unas a otras, a las maras y pandillas juveniles.

Sobre tales similitudes, podemos mencionar a manera de ejemplo, la Revo, se organiza en bandas, cada banda es una barra organizada por barrios o colonia; cuando esta zona geográfica, es muy grande, se organizan en micro bandas o pequeñas bandas. Esta estructura es idéntica en la otra barra, la Ultrafiel, nada más que ellos, llaman a estas organizaciones celulares básicas, como peñas y micro peñas, solamente cambia el nombre. En el caso de los megalocos, su estructura es igual a la de la Revo, en bandas.

Cada una de estas organizaciones es coordinada por jefes o líderes, que las dirigen ya sean grandes o pequeñas. Las micropeñas son organizaciones dependientes a la organización inmediata de mayor jerarquía, la peña. Dentro de estas, hay miembros que se encargan de labores específicas, como la elaboración de los trapos representativos, el traslado e instalación de los mismos en el estadio, entre otras.

Pero cuando comparamos estas estructuras celulares de las barras bravas, de inmediato nos damos cuenta, que su similitud a las de las pandillas, es enorme, nos referimos a las organizaciones básicas de estas, las *clicas*. Esta homogenización estructural, nos puede reflejar dos cosas, o que las pandillas o algunos de sus miembros se incorporaron a estos grupos *socialmente aceptables*, que se desplazan por las calles de las ciudades sin ningún tipo de restricción, o por otro lado, las barras adoptaron un modelo de organización, que por demás demostró y sigue demostrando su alto nivel de eficiencia.

No solamente este fue el hallazgo en cuanto a la similitud de las barras bravas con las maras. Las barras se reúnen a menudo para establecer las estrategias a implementar cuando se llegue el momento de hacerlo, por lo que realizan las *sesiones* para definirlo. Estos ejercicios de deliberación son muy similares a las *meeting* de las maras y pandillas, donde estas debaten las acciones a emprender. Es el espacio de decisión y interacción del grupo, en él se deciden estrategias, acciones y se presentan nuevos miembros en ambas organizaciones.

En estas *sesiones*, se deciden también, algunas acciones extraordinarias a realizar, y que a veces se desarrollan al margen de la ley, ya sea para agenciarse algunos fondos, que no necesariamente serán utilizados en asuntos de la barra, o para intimidar a sus enemigos, y saldar cuentas pendientes. Estas acciones especiales a realizar lo llaman *pegadas,* igual nombre dan las pandillas a todas aquellas acciones que ilícitas que realizan.

Las *pegadas* de las barras suelen ser, entre otras, ataques planeados contra barras rivales, que a veces llevan a la muerte a quienes fueron dirigidos. Igualmente realizan algunos robos y robos a mano armada de poca cuantía. Hay sesiones a nivel de peñas y micro peñas, así como también de bandas y micro bandas; además hay algunas sesiones que solamente asisten los líderes.

Por otra parte, continuando nuestra comparación análoga entre estos grupos, en donde también coincide el carisma del líder en las barras. Este es un líder carismático y emblemático, que influye entre los miembros del grupo y estos, establecen en el líder, como un patrón de conducta y modelo a seguir. Los miembros de la barra tienen muy claro lo importante que es esta figura para su organización y destacan las cualidades que el líder debe de tener. Como me decía un barra brava *"al líder lo queremos y lo cuidamos"*

Y finalmente, el proceso de afiliación o de enrolamiento en la barra, a pesar de que es muy flexible y existe amplia libertad para abandonarla o integrarla, sin embargo, la militancia activa y la aprobación de los líderes es necesaria. Tiene, además, una especie de ritual de iniciación al grupo, que consiste en propinar una leve golpiza de corte fraternal, que comúnmente se llama en el argot popular que le "caen las avispas[36]" aunque no es tal como se realiza el ritual de iniciación en las maras, solamente queremos hacer notar, que, de diferentes connotaciones, pero este acto ritual también existe en las barras bravas.

Este proceso de afiliación o iniciación es afianzado por el proceso socializador realizado por sus colegas más antiguos y plenamente identificados con la causa. Siendo estos los catalizadores, que constituyen el medio de influencia más poderoso para que los jóvenes decidan ingresar a ser miembro de una barra.

Entre los miembros de estos grupos de *gamberros*, priva la certeza de que el hecho de pertenecer a sus organizaciones tribales, existe un riesgo real de recibir agresiones graves de otros grupos rivales y de las mismas fuerzas del orden del estado. Manifestando orgullo de haber participado en alguna lucha campal contra sus enemigos y lucir los resultados de tal agresión. Sentimiento muy parecido al de las maras, que

---

[36] Se llama así, a una demostración de afectividad grupal, que consiste en infligir un castigo con golpes leves en la cabeza y espalda sobre quien recayó la caída de avispas.

expresan como uno de sus principios ideológicos, de que la muerte no es una posibilidad, es una realidad, por lo que hay vivir la vida con desenfreno, o como dirían ellos "a toda madre o un desmadre", traducido al castellano, seria, vivir la vida con intensidad, porque hoy puede ser tu ultimo día, ante la eminente posibilidad de *caer en las garras del enemigo.*

Aun este principio de las barras se parece al de las pandillas, cuando aducen que *Nacimos para ser perseguidos;* ellos tienen la certeza que, como consecuencia de sus acciones, deberán de huir siempre de toda autoridad que no sea la propia. O que, al ser miembro de estas, ocasionara no muy pocos problemas, pero esto más bien es causa de orgullo que de temor mismo, manifestado cuando hacen alarde de sus historias de enfrentamientos contra sus enemigos, otras barras o la policía misma. Resaltando en ellos también, la satisfacción de lucir sus heridas de guerra.

A continuación, presentamos un cuadro comparativo de las estructuras y organización de las barras bravas y las maras y pandillas juveniles:

Cuadro comparativo organizacional de maras y pandillas, y barras bravas en Honduras.

Semejanza	Maras y Pandillas	Barras Bravas
Organización Básica	Clica	Peñas o Bandas
Socialización	Por un socializador y sus pares	Por sus pares
Tipo de Líder	Carismático	Carismático
Iniciación Ritual	Si	Si
Espacio Para Deliberar	Meeting	Sesión
Actividades	Pegadas	Pegadas

Colección Tribus Urbanas		Barras Bravas
Extraordinarias		
Ante el Riesgo	Realidad certera y orgullo de enfrentarlo	Realidad certera y orgullo de enfrentarlo
Marcas de existencia	Grafiti y tatuajes	Grafiti y tatuajes

Fuente*:* Investigación de campo. Elaboración propia.

CAPÍTULO 8: CONSIDERACIONES FINALES

El fenómeno de las tribus urbanas es una manifestación de la postmodernidad, que llego aparejado con muchos cambios, producto de la globalización, por lo que podría ser considerado como un efecto perverso de esta.

Generalmente los jóvenes que integran estos grupos lo hacen más como una moda, que como un estilo de vida propio que perdura por mucho tiempo. En todo caso, los padres de familia deben estar alertas para orientar a sus hijos que puedan tener estas manifestaciones conductuales y estéticas, sobre todo por la edad de estos, que están en pleno desarrollo físico, y mental.

Usualmente, varios sectores la sociedad *hondureña*, al observar estas manifestaciones juveniles, se quejan por la falta y pérdida de valores en la juventud, es decir, victimizando a las víctimas, culpando a los mismos jóvenes por estas actitudes. Pero dejamos de lado la responsabilidad sobre todo de aquellas instituciones de control social de toda sociedad digna de llamarse como tal, nos referimos a la familia, la escuela y la iglesia que debieron inculcar los tan llevados y traídos valores morales perdidos.

El surgimiento del fenómeno del neotribalismo, se produce, entre otras cosas, como la respuesta de los jóvenes a las actitudes individualistas, egocentristas e hipócritas, de una sociedad que se basa más en el culto de la imagen y el beneficio propio, dejando por un lado el bien de la colectividad.

Las tribus urbanas, son organizaciones subculturales que cargan sus actividades de una alta dosis de simbolismo, que da significado y significante a sus vidas. Su existencia se basa principalmente, en su apego a la dimensión espacial de un territorio propio, donde manifiestan sus reglas, normas, así como la delimitación de accesos. Demostrando sus sentimientos de pertenencia a su grupo, convirtiéndose además en un espacio de representación, que permite exhibirse tal cual son, con su aspecto más superficial, sin apegarse a los cánones de las *buenas costumbres y la convencionalidad.*

Este simbolismo, se manifiesta de igual manera, en la distribución del tiempo de estos grupos. Tiempos que van desde la monotonía de la cotidianidad, pasando por los tiempos de actuación, llamados fin de semana, hasta llegar al clímax tribal, el espacio temporal reservado para los momentos especiales y culminantes de estas organizaciones tribales, son el tiempo de lo *excepcional.* Que son los momentos especiales, que pueden ser ceremonias, conciertos, finales de fútbol, pegadas y sacrificios rituales.

Las maras y pandillas, aunque en la actualidad, son una manifestación más del crimen organizado en Honduras, surgieron como una típica tribu urbana, que evoluciono hasta lo que es hoy.

Aunque entre las pandillas y las barras bravas hay mucha similitud, sobre todo en su estructura, estas deberán ser consideradas como grupos completamente diferentes.

La generalidad de los miembros de las barras bravas, son jóvenes que se sienten atraídos a estas organizaciones, que les provee de una identidad social, cubren la necesidad de organizarse, se involucran en estas más como una moda, que como una forma de vivir. Desafortunadamente, en el interior de estas, existen algunos miembros de las mismas, que valiéndose del anonimato que el hecho de pertenecer a estas les provee, realizan algunas actividades al margen de la ley, más de corte lucrativo propio, que para la barra misma.

Está definido claramente que las barras bravas como tal, son los tres grupos aquí descritos, pero es innegable el proceso de imitación que se está dando en las otras barras del resto de los equipos del futbol hondureño, apuntando todas al enemigo en común, primero, los seguidores del Olimpia, por su presencia en todos los rincones del país, y a los policías, sinónimo de orden y control estatal. Inclusive estas otras barras, ya se están organizando en peñas y bandas, así como también están adoptando nombres sugestivos apara llamar a estas organizaciones básicas celulares, generando también algunos conatos de violencia.

Innegablemente, el hecho de afirmar su identidad, identificar territorios con sus marcas de existencia, odiar al enemigo, entre otras prácticas, lleva inexorablemente a los miembros de estos grupos a la generación de desórdenes y violencia. Que obliga a la intervención de los organismos de seguridad del estado, magnificando aún más estos enfrentamientos bélicos, con saldos a veces lamentables, traducidos al aumento significativo de detenidos, heridos, lesionados, hasta llegar a la pérdida de vidas humanas.

En algunos pocos años de presencia de estos grupos en el país, ha traído aparejado consigo, la alineación en sus filas, de un sinnúmero de simpatizantes a estas organizaciones tribales, que se cuentan por miles, llevando sus escenarios de lucha, hasta algunos lugares de la campiña hondureña, demostrando con ello, la magnificación del problema, que alcanzo ya muchos rincones del país, cual si fuese un reguero de pólvora.

Podemos inferir que es innegable la relación estrecha que existe entre la falta de oportunidades de acceso a educación, a escasez de trabajos, y de trabajos dignos con salarios no precarizados, a la falta de espacios públicos de diversión sana y de oportunidades de superación de nuestra juventud, que algunos de ellos han optado por buscar emplear sus potencialidades y frustraciones, en estas organizaciones neotribales.

Para entender mejor estas manifestaciones tribales contemporáneas, hay que establecer parámetros de estudio de las mismas, para intentar comprender el porqué de su surgimiento, de su establecimiento y masificación de jóvenes provenientes de diferentes estratos sociales. Medidas que nos permitirán manejar de mejor manera a estos grupos juveniles, sobre todo, evitar dar el mismo tratamiento que se le dio a las maras y pandillas juveniles, que está por demás comprobado, que esas medidas fueron un rotundo fracaso.

En los últimos tiempos, y debido a campañas de alto a la violencia en los estadios, emprendida por algunos medios de comunicación, que como El Heraldo enarbolaron esta bandera de lucha y algunas instituciones del estado que tienen que ver con esta problemática como la Policía Nacional y el Programa Nacional de Prevención, los miembros de estos grupos, han manifestado su compromiso y responsabilidad con respecto a la vorágine de violencia que se genera en torno al futbol. Comprometiéndose a acatar todas las disposiciones que se tomen, con la intención de parar ya la violencia que el futbol y sus seguidores, está generando para ellos y el resto de la sociedad hondureña.

ANEXOS:

A continuación, presentamos una serie de fotografías de las diferentes manifestaciones de barras bravas que se dan en el país, con la intención de ilustrar mejor al respecto. Estas graficas muestran las marcas de existencia, orgullo de pertenencia, máscaras, fachadas y uniformes de los grupos aquí estudiados. Marcas de existencia estas, que se ven reflejadas en algunos *trapos, y lienzos.*

LA REVO:

Este *trapo*, presenta una manifestación ilustrada gráficamente, que no habíamos detectado, hasta este momento, representa la imagen del terrorista más buscado del mundo, Osama Bin Laden. Este terrorista simboliza para algunas *bandas* de la Revo, el sentimiento contestario de esa organización celular.

Estos trapos ubicados en el Estadio Nacional de Tegucigalpa, representa a la banda de la Colonia Policarpo Paz García, "la 3 de la Polo", y el año de fundación del equipo Motagua.

El segundo trapo, demuestra la gran imaginación de los miembros de esta barra brava, dice "REVO PARTY IRRE" que significa, "Revolucionarios, Pantanal Irreverentes". El Pantanal, es una Colonia que surgió a raíz de una lucha popular de sectores desposeídos, recuperaron esa zona.

Las fotografías de arriba demuestran la pasión extrema de la Revo, en donde se puede leer el mensaje que dice "NI MUERTOS NOS CALLARAN" en su incondicional apoyo a su equipo.

Estas dos fotografías, muestran dos *trapos,* que corresponden a dos bandas, los *Espartanos,* que representan a la Colonia El Reparto, y los *fúnebres, y los Fuser,* ambas peñas de la ciudad de Tegucigalpa.

En estos *trapos*, se puede apreciar los mensajes que por sí solos incitan a la violencia. En el primero se lee *Anarquía*, que es una de las bandas diseminada por toda Comayagüela. En el segundo *trapo* dice *Terroristas*, la letra O es suplantada por un artefacto explosivo tipo bomba de mecha corta. Estos están ubicados en la Colonia Cerro Grande.

La Vistosidad Y El espectáculo Que Brindan Estos jóvenes, Es Indescriptible, Lastima La Violencia Que Genera El fenómeno. Estas fotografías Corresponden A Un Juego Nocturno Internacional Que Tuvo Al Cd Motagua Como Protagonista.

LA ULTRAFIEL:

Las marcas de existencia que se presentan a continuación fueron hechas por miembros pertenecientes a la barra brava llamada Ultrafiel, de diferentes ciudades del país. Por mucho, es la más numerosa. El lienzo de abajo, es el oficial de la *Ultrafiel*.

Estos dos trapos, pertenecen a una misma peña, la del Barrio Reparto, llamada *Marihuanos*. En este barrio existe también una banda de la Revo. En las tumbas de la foto de abajo, se puede leer *"putos"* y *"chanchos"* insultos para sus enemigos de la Revo y la Megabarra. La violencia manifiesta en ellos, es evidente.

Generalmente para identificar a las peñas olimpistas, se utilizan nombres sugestivos, como los de las fotografías, "*Troyanos*" de la Colonia Arturo Quezada, y "*Caos*", significa la peña de la **Centro América Oeste Sobados**[37], y hace alusión a un pensamiento de un grupo de rock, "dos minutos de vida, una eternidad en el infierno".

---

[37] *Sobados*, hondureñismo que significa, loco, descontrolado, poco cuerdo, desenfrenado. Todo en franca alusión al estado mental de alguien, en este caso, esta peña está en completo delirio por el *albo*.

La alusión a sustancias estimulantes, están presentes en estos grupos. En ambos trapos se puede leer "*Marihuanos*" con una calavera en medio de la palabra. Responde al nombre de la peña del Barrio Reparto.

La *Ultrasur*, es una de las facciones más conocidas de la Ultrafiel, se localiza en toda la zona sur de la capital. Arriba podemos ver dos trapos muy llamativos de las peñas de las colonias Monterrey y La Calpules, de Tegucigalpa.

Las amenazas contra los de la Revo, son muy graficas. Estos dos trapos, fueron confeccionados por las peñas del Centro de la Ciudad capital. La imagen de la calavera es un guitarrista de un grupo famoso, icono del rock. Esta tribu urbana, la de las barras bravas, es propicia para dar cabida a otras manifestaciones tribales urbanas, como los emos, rockeros, punks, entre otros. La violencia grafica en estos trapos, no necesita descripción.

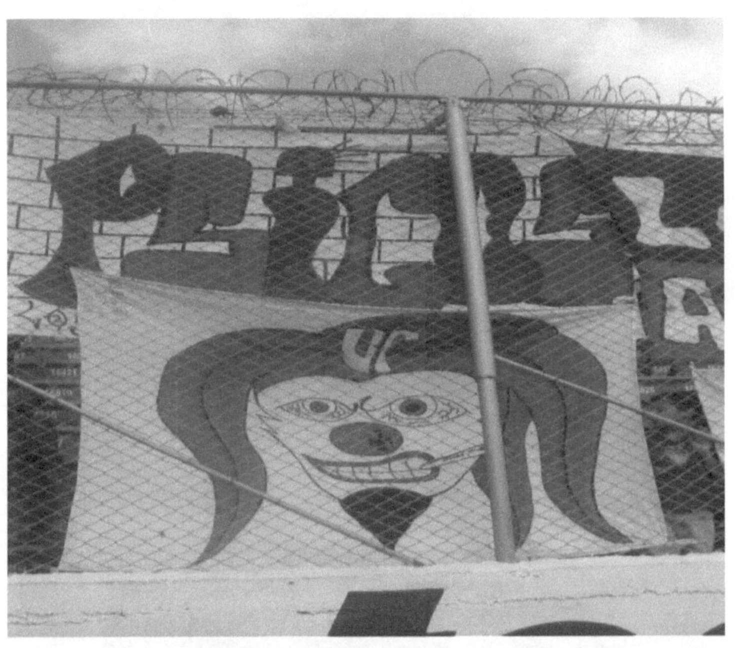

El primer trapo, es de la micropeña de *Psicos,* de la Colonia 21 de Octubre. El segundo, es de *La Tropa del B2,* Barrio Bellavista.

Trapos alusivos a las peñas de *Los Redon2,* de la Colonia Hato de En medio, hace alusión a una barra brava argentina; y los *Vikingos,* son de las Colonias, La Rosa y la Flor del Campo.

Las féminas no podían quedarse ajenas al fenómeno de las barras bravas, y conformaron la peña de *Las Vampiras.*

En la segunda fotografía, se observa un grafiti pintado en el respaldar de una silla, de un colegio privado cristiano capitalino. Caos, una de las peñas de la Ultrafiel, que ha encontrado en los colegios, un sinnúmero incondicional de simpatizantes a la *causa.* Y no solamente en los públicos.

También están presentes, los trapos de peñas de otras ciudades, en este caso, la de Nacaome, e *Intoxicados,* de San Pedro Sula. Cuando un trapo es afanado, este se exhibe colgado a la inversa en el estadio.

La incondicionalidad, el sentimiento y orgullo de pertenecía, están presentes en su máxima expresión, con llamativas y espectaculares demostraciones.

Dos puntos de reuniones multitudinarias de las barras, un domingo por la tarde en la capital, preparándose para iniciar la caminata correspondiente hacia el estadio Nacional.

LA MEGABARRA:

La banda de los kanavirus, radicada en el Barrio Cabañas, es una de las facciones más violentas de la Megabarra, esta graficada en estos trapos, junto a la banda de Rio Blanco, llamada Rio Blankito. Fotografías tomadas en el Estadio Morazán de San Pedro Sula.

En estas imágenes se pueden observar dos trapos, uno que hace alusión al Título Real concedido a este club hondureño, por los Reyes de España a finales de los 70´s, y el de abajo, a la locura por los colores amarillo y negro.

Estas peñas están ubicadas en la Colonia San José V, la primera y en el Barrio Barandillas, la segunda.

Estos trapos, representan a dos bandas, la *Cabañas Locos,* del Barrio Cabañas y la de *Enkadena2,* que están diseminados por toda la ciudad.

Definitivamente, por mucho, la banda más violenta es la *Comando 12,* del Barrio Cabañas; *Los Descontrola2 del Tablón,* están ubicados en diferentes puntos de la ciudad.

La Banda de 3BRE; la de abajo, es un trapo conmemorativo a un integrante de la *Kanavirus, patotia,* que significaría pandillerito, posiblemente cayo defendiendo los colores sagrados del Aurinegro.

Trapo de la banda de la 28, dice *Pasión y Locura*. La fotografía de abajo muestra la euforia de la megalocos, cuando su club ingresa a la cancha.

BIBLIOGRAFÍA:

Adán, Teresa. Ultras, cultura de futbol, en Revista de estudios de juventud. No. 64. De las tribus urbanas a las culturas juveniles.

Bayona Aznar, Bernardo. Rituales de los ultras del futbol. *Política y Sociedad,* 2000, Madrid.

Berger, Peter L, y Luckman, Thomas. La construcción social de la realidad. Amorrortu Editores. Madrid. Primera edición. 1968

Blanco, Josep María. De cara a la pared. Grafiti alternativo y conciencia ciudadana. En texturas urbanas.

Conde, Mariana. *La vieja nueva idea de la nación y sus hinchas.* Buenos Aires. Documento académico. 2002.

Feixas, Carles, Porzio Laura. Los estudios sobre culturas juveniles en España. De las Tribus urbanas a las culturas juveniles. Madrid. Revista de estudios de juventud. No. 64, marzo 2004.

Gabriel Tarde. G. citado en Cuvillier, A. introducción a la Sociología, Buenos Aires. La Pléyade, 1979.

Merton, Robert. Teoría y estructuras sociales. México, Fondo de Cultura Económica.

Oriol Costa, Pérez Tornero, Tropea. Tribus urbanas. Barcelona. Paidós, Estado y Sociedad.1996.

Rescassens, A. Las barras bravas. Bravo y Allende. Santiago de Chile. Editores. Santiago, Universidad de Chile. 1996.

Sánchez Velásquez, Gustavo. Maras, Pandillas y Desviación Social. Buenos Aires. Editorial Dunken, Primera Edición. 2007.

Universidad de Chile. Cambio social y nuevos espacios fenómenos del espacio público en Santiago de Chile. Cuaderno de trabajo No 4, 2007.

www.comando12.com

www.revo1928.com

www.ultrafiel.com.

www.motaguense.com

www.motagua.com

www.ingramcontent.com/pod-product-compliance
Lightning Source LLC
Chambersburg PA
CBHW021358150726
47989CB00005B/2305